AF268368

LES MUSÉES D'EUROPE
PAR GUSTAVE GEFFROY
MADRID
LIBRAIRIE NILSSON - PARIS -
G. GRAUVERAIS

LES MUSÉES D'EUROPE

———

# MADRID

La collection illustrée des *Musées d'Europe*, de Gustave Geffroy,
comprend les volumes suivants:

> LA PEINTURE AU LOUVRE
> LA SCULPTURE AU LOUVRE
> VERSAILLES
> LA NATIONAL-GALLERY
> LA HOLLANDE
> LA BELGIQUE
> MADRID

En préparation :

> L'ESCURIAL
> LES OBJETS DU LOUVRE

DU MÊME AUTEUR

CHEZ FASQUELLE :

Notes d'un journaliste (Vie, Littérature, Théâtre) . . . . 1 vol.

Le Cœur et l'Esprit (Nouvelles) . . . . 1 vol.

L'Enfermé (avec le masque de Blanqui, gravé à l'eau-forte par
Bracquemond) . . . . 1 vol.

Pays d'Ouest (Nouvelles) . . . . 1 vol.

L'Apprentie (Roman) . . . . 1 vol.

Hermine Gilquin (Roman) . . . . 1 vol.

Les Chefs-d'œuvre de Versailles. Nombreuses illustrations (Librairie Nilsson). . . . . 1 vol.

*Les Industries artistiques françaises et étrangères à l'Exposition
de 1900*. Nombreuses illustrations (chez E. Lévy). . . . . . 1 vol.

L'Œuvre de Carrière. Nombreuses illustrations (chez Masson
et Piazza) . . . . 1 vol.

La Cité et l'Ile-Saint Louis. Illustrations d'Auguste Lepère
(chez Ollendorff) . . . . 1 vol.

Belleville. Dessins de Sunyer (chez Ollendorff) . . . . 1 vol.

Rubens. 24 illustrations (chez Laurens). . . . . 1 vol.

Yvette Guilbert. Étude sociale du café-concert. Lithographies
de H. de Toulouse-Lautrec (chez Marty) . . . . 1 vol.

La Bretagne. In-4° illustré (chez Hachette). . . . . 1 vol.

La Vie artistique. Huit séries ornées de pointes-sèches et de
lithographies de Carrière, Rodin, Renoir, Raffaëlli, Pissarro,
Fantin-Latour, Vierge, Willette (chez Floury). . . . . 8 vol.

Notre Temps. — I. Scènes d'Histoire, avec un frontispice d'Eugène
Carrière (Société française d'Imprimerie et de Librairie) . 1 vol.

GUSTAVE GEFFROY

LES MUSÉES D'EUROPE

MADRID

AVEC 57 ILLUSTRATIONS HORS-TEXTE ET 135 ILLUSTRATIONS DANS LE TEXTE

LIBRAIRIE NILSSON
7 RUE DE LILLE 7
PARIS

LE MUSÉE DE MADRID

INTRODUCTION

On sait déjà, avant d'entrer au Musée de Madrid, qu'il est un des plus beaux de l'Europe. La vue des chefs-d'œuvre qu'il contient change bientôt l'opinion apprise en admiration enthousiaste et raisonnée. Il fait connaître avant tout l'Ecole espagnole. Il est vrai que l'on croyait trouver en elle un résumé des villes, des cam-

pagnes, de l'humanité entrevues depuis la frontière jusqu'à Madrid, et que cet espoir est presque déçu : quelques aspects, quelques types, et c'est tout. La nature qui déploie sa féerie sauvage et grandiose pendant la traversée des Castilles, des villes comme Burgos, Avila, Ségovie, un lieu significatif comme l'Escurial, sont presque absents de l'art espagnol, qui a été surtout italien et religieux. Où sont les poètes de ces paysages, les historiens de ce peuple ? On regrette qu'il n'y ait pas eu ici une forte école de peinture nationale pour nous dire l'Espagne et les Espagnols. Les Italiens furent grands, et ils se sont chargés de l'éducation de tous, mais ils ont dépravé l'Europe, l'ont empêchée d'être elle-même, d'abord l'Espagne et la France, puis la Flandre, la Hollande, enfin l'Angleterre. Ailleurs qu'en Espagne le mouvement a été mêlé, il y a eu des épanouissements ardents de la race. Ici, ce serait la soumission complète sans quelques individus qui ont vraiment créé un art à la fois local et humain: le Greco sait ajouter son âpre originalité à son éducation de Venise; Velasquez veut ignorer toutes les influences, ne connaît que la vérité, apparaît, dans l'histoire de l'art, aussi libre et personnel que Rembrandt; Goya, le plus espagnol de tous, enragé de vie espagnole, prenant parti en insurgé au fort de la bataille qui se livre dans son pays, donne enfin l'image qui manquait, de la rue, de la foule, des passions populaires.

Le Greco n'a pas ses belles et grandes œuvres au musée de Madrid. Goya, bien qu'admirablement représenté, est également incomplet. Ve-

VELASQUEZ.   *Philippe IV à la chasse.*

lasquez, lui, nous livre tout son art, et j'ai essayé, par son art, le plus secret de tous, d'entrevoir la vie de ce prisonnier de Philippe IV.

Mais il n'y a pas seulement le Greco, Velasquez, Goya, à Madrid.

Il y a des prédécesseurs de Velasquez, parmi lesquels, toutefois,
manque Herrera le Vieux. Il y a Ribera, Zurbaran, Alonso Cano.
Murillo.... Et il y a, après l'Ecole espagnole, l'Ecole italienne et
l'Ecole flamande admirablement représentées, par Raphaël; par
les Vénitiens : Titien, Véronèse, Tintoret; par les Primitifs de
Bruges, Van Eyck, Van der Weyden ; par Rubens, Van Dyck,
Téniers. L'allemand Dürer, les hollandais Antonis Mor, Rembrandt, les français Poussin et Watteau, et d'autres, achèvent
cette réunion qui a créé la magnifique collection des peintures
du Prado.

G. G.

VELASQUEZ.   *Buste de Philippe IV.*

ESPAGNE

I. — COMMENCEMENTS BYZANTINS DE L'ART ESPAGNOL. — INFLUENCES DE
LA FLANDRE ET DE L'ITALIE. — LES BERRUGUETE. — LUIS VARGAS. —
EL DIVINO MORALÈS. — SANCHEZ COËLLO. — VICENTE JOANÈS. —
NAVARETTE.

L'ART antique, l'art des Chaldéens, des Assyriens, des Egyptiens,
des Grecs, brûlé, pulvérisé, vieilli, tombé en enfance, s'écroule et
finit à Byzance. D'une main hésitante il découpe des images, les
colle sur des fonds d'or. C'est pourtant à ce vieillard ataxique et
gâteux que le Moyen-âge viendra demander des leçons quand il
entreprendra timidement et gauchement d'enluminer ses missels.

1

L'influence de la haute civilisation grecque ne s'est pas étendue au delà de la Sicile. L'Espagne, envahie et saccagée par les Romains, les Carthaginois, a été ainsi informée qu'il y avait quelque part des peuples très puissants, ainsi qu'en témoignait la force de leurs armes. Pour leur art, quelques statues scellées sur la terre conquise restaient comme des bornes sacrées marquant la propriété. L'invasion des Goths fait connaître à l'Espagne des sauvages plus sauvages qu'elle-même. Enfin, les Maures l'envahissent à leur tour, s'y établissent assez longtemps pour tatouer sur le front espagnol le signe indélébile que les cendres imposées par la main du catholicisme pourront recouvrir, non effacer.

Le vainqueur a tout à enseigner au vaincu : l'architecture, la poésie, les sciences. Il lui apprendra même les arts d'agrément, il en fera un «illuminador» pas trop maladroit, qui composera ou copiera patiemment des lettres ornées, des motifs délicats, des arabesques. Le goût des choses et des couleurs violentes se manifeste déjà dans ces premières enluminures. Le bleu est dédaigné, presque proscrit, le rouge domine et flambe. Le vieux maître oriental interdit la représentation de la figure humaine, des êtres vivants. On tracera timidement, comme en fraude, des animaux symboliques. Puis enfin, au Xe siècle, une bravade: un Christ! un Saint Jean! Une Vierge! C'est un moine, Béatus, qui a osé cela. Ses successeurs oseront bien autre chose! Les Arabes leur ont enseigné péniblement l'art des colonnades, des portiques ajourés, des bassins fleuris, des sveltes minarets: ils apprendront tout seuls, d'instinct, l'art des in-pace et des bûchers. Un autre moine, Vigila, se risque à faire des portraits. Il retrace, dans le *Codice Vigilano*, l'image de don Sancho el Craso, de don Ramiro, de la reine Urraca, son propre portrait.

Ces primitifs patients laissent une forte empreinte sur l'art national, et les fonds d'or, si longtemps employés dans les décorations d'églises, restent comme un souvenir du byzantinisme et des vieux miniaturistes.

Jusqu'au XIIIᵉ siècle, il n'y a que des «illuminadores». Puis

SANCHEZ COËLLO.   *Isabelle et Catherine, filles de Philippe II.*

quelques noms de vrais peintres apparaissent, à défaut d'œuvres. L'un des premiers en date semble être Rodrigo Esteban, peintre du roi don Sanche IV, vers 1292. On trouve son nom sur les comptes gardés dans la bibliothèque royale, et c'est tout.

L'Espagne ayant congédié à coups de sabre son vieux maître

arabe, cherche à le remplacer (on estime à plus d'un million le nombre des Arabes expulsés ou exterminés sous Ferdinand le Catholique. D'autres disent deux, trois millions. On ne sait pas, à un million près). Elle hésite entre deux écoles, la Flandre et l'Italie. Elle les consulte tour à tour, simultanément, s'embrouille, s'irrite, se décourage, ne trouve pas sa voie.

La précision des Flamands ne déroute pas leurs disciples, elle est bien la suite logique et la conclusion de leurs premières études, mais la lumière fine du Nord leur est inconnue, étrangère. Ils n'ont pas l'œil adapté aux clartés cendrées.

Toutefois, et bien que l'Italie ait envoyé quelques artistes en Espagne avant la Flandre, l'empreinte et la tradition gothique dominent jusqu'à l'affranchissement de la Renaissance. L'importation des œuvres flamandes est continuée pendant tout le XVe siècle, avec Van Eyck, Van der Weyden, Memling, Petrus Cristus, Jean de Mabuse, Quintin Massys, Jérôme Bosch. Quelques Allemands donnent aussi de grandes leçons: Dürer, Cranach, Holbein, Lucas de Leyde.

Telle qu'elle est, l'Ecole espagnole, si l'on peut donner ce nom à des groupes sans homogénéité, sans traditions, sans discipline, peut être divisée en trois classes. A Valence, au XIVe siècle, on trouve Marzal, Guillermo Arnaldo... En Aragon, Pedro de Zuera, Raymond Torrent, Guillen Tort... En Catalogne, Juan Casilles, Luis Borrassa. Durant le XVe siècle, la lutte d'influence est vive. Clemente Domenech, Gerardo Janer, Dezpla, Claver, Trien, Diego de Sevilla, Colomer, travaillent en Catalogne. Ces artistes, qui vivaient pendant une période héroïque, la fin de la lutte contre les Maures, se sont-ils inspirés de cette gigantesque épopée de huit siècles pour en reproduire, sinon l'histoire, du moins les grandes pages? Non. Ils laissent à peine quelques notes sommaires dans des fresques à l'Escurial, à Tolède, à Séville. Le

Cid est pourtant un personnage assez haut en couleur: ce cruel
mercenaire n'a pas trouvé son peintre parmi tous ces peintres,
ils ne veulent rien voir et ne voient rien en dehors du drame
du Calvaire?
N'est-ce pas
une belle page
sanglante telle
qu'ils les
aiment, et rou-
gie de sang
divin, couleur
rare et pré-
cieuse.

Si la guerre
des Maures n'a
pas inspiré les
artistes de
l'Espagne, les
tueries de l'In-
quisition sont
des tableaux
épisodiques
assez savou-
reux pour fi-
gurer hono-
rablement au-
près du grand

Luis Moralès.   La Présentation de Jésus au Temple.

drame du Golgotha. Les meilleurs peintres de l'époque, Antonio
del Rincon, Berruguete (qui fut aussi sculpteur, comme Gaspard
Becerra et Annequin de Egas) s'en feront une sorte de spécialité.
Le roi, les plus grands [seigneurs, les petites infantes à vertu-

gadins, tiendront à honneur d'être représentés, en habits de fêtes, dans la figuration, et le grand metteur en scène, Torquemada, y aura son portrait en bonne place.

Un évènement, une date dans l'histoire de l'art et de l'humanité! La sombre Espagne s'éclaire d'une lumière lointaine. Les artistes espagnols, immobilisés sur leur sol, voient surgir une étoile. Elle monte à l'horizon, elle vient à eux. C'est la Renaissance qui passe l'eau, s'avance frémissante, triomphante, impatiente, portant la bonne nouvelle dans les plis de sa robe, comme la Victoire de Samothrace. Paolo de Arezzo et Francisco Niapoli, élèves de Léonard de Vinci, débarquent en Espagne.

D'autres artistes italiens viendront s'établir en Aragon, vers la fin du siècle: Micel Pietro, Paolo Esquarte, élève du Titien, qui travaillera pour le duc de Villa Hermosa. Mais un illustre voyageur les a précédés, un Hollandais, qui sait patiner avec l'or vénitien les sévères effigies de l'art allemand. Nous retrouverons Antonis Mor à sa place, dans l'Ecole hollandaise, mais il faut déjà le désigner ici comme l'un de ceux qui ont aidé l'Espagne à créer son art, comme un précurseur de Velasquez. D'ailleurs, vers la fin du XVe siècle, à l'aurore du XVIe siècle, les Flamands et les Hollandais qui passent dans la péninsule sont eux-mêmes imprégnés d'italianisme.

Les peintres espagnols frémissent d'impatience. Ils ont été touchés, illuminés, ils brûlent d'une foi inconnue. Ils voient, ils croient, ils savent, ou plutôt ils veulent savoir. L'exode vers l'Italie commence et se continue. Vers la fin du XVe siècle, l'influence italienne devient dominante. Tant d'artistes passent en Italie, y séjournent, y étudient pendant des années: Alonso Berruguete, Vicente Joanès (Macip), Gaspard Becerra, Blas del Pardo, Juan Navarette (el Mudo), Pedro Orrente, Esteban March, Luis de Vargas, Villeja Marmolejo, Ribera... Sganarelle, se touchant le front,

SANCHEZ COELLO   L'INFANTE ISABELLE CLAIRE EUGÉNIE

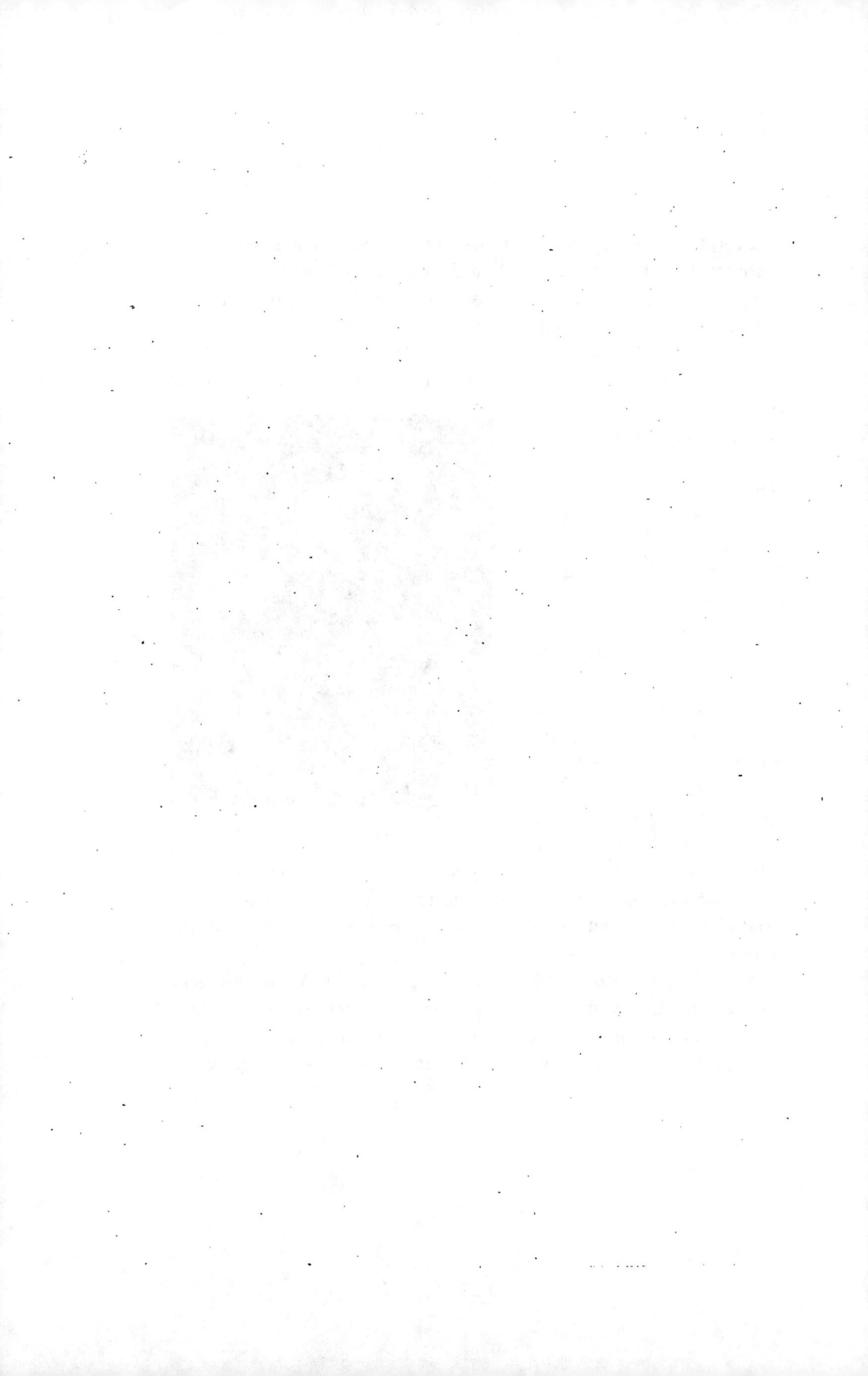

disait qu'il avait là toute la médecine. Les artistes voyageurs rapportent toute la peinture. Lourd fardeau qu'il faut se partager. A chacun son faix. L'un rapportera Michel-Ange, d'autres Fra Bartolomeo, le Titien, Raphaël, puis le Caravage.

On rattache déjà à l'art italien, aux premiers peintres de l'Ecole vénitienne, des œuvres qui sont au Prado : quatre scènes de la vie de Saint Dominique de Guzman, quatre scènes de la vie de Saint Pierre, une représentation de miracles de Saint Thomas d'Aquin après sa mort, une apparition de la Vierge. Ces dix panneaux sont attribués à Pedro Berruguete, sur lequel on n'a que des données incertaines.

Ce qu'il y aurait de plus affirmé dans la biographie de Pedro Berruguete, c'est qu'il serait le père d'Alonzo Berruguete (1480—1561) lequel, après un voyage en Italie, à son retour en Castille, en 1520, est le premier maître espagnol qui rapporte avec lui le goût, les procédés, les traditions des grands florentins. Il n'a rien au Prado, mais il était impossible de passer son rôle historique sous silence.

PANTOJA DE LA CRUZ.   *Philippe II.*

Luis Vargas (1502—1567), élève de Perino del Vaga, fait deux fois le voyage d'Italie, comme s'il ne s'était pas senti définitivement en état de grâce après le premier pélerinage, et revient avec l'ardent désir d'imiter Raphaël. Vargas paraît être le premier en date des demi-saints, des demi-moines, des clerigos, des prébendés qui feront de la peinture à genoux: tels le père Nicolas Borras, Pablo Cespédès, Pantoja de la Cruz, Juan de las Roëlas, le moine Fray Juan Sanchez Cotan.

Les Espagnols ont rapporté d'Italie de bonnes méthodes, de hauts enseignements artistiques, et de petits procédés expéditifs, mais non pas l'art des maîtres. Ces gens-là ont une tare indélébile, A Venise, à Florence, à Parme, à Rome même, ils n'ont pas la Foi! Il y a en Italie trop de mythologies, trop de nudités, trop de seins effrontés qu'un san-benito ou une chape soufrée couvriraient mieux qu'un mouchoir. On est un peu païen dans ce pays italien.

Mais Moralès est là. Il fixera avec une rigueur sauvage les limites précises de l'orthodoxie dans l'art. Il les jalonnera par des croix, des lances, des épées. Il fermera le champ-clos avec des chaînes et des cadenas qu'il sait bien où trouver. Il dira de sa voix d'apôtre qu'en dehors de Dieu et du Roi, de la foi et du glaive, du guerrier et du martyr, il n'y a que ténèbres et perdition. Si les autres sont italiens de goût et d'exécution, il est, lui, espagnol. Luis Moralès, dit *el Divino*, le divin Moralès (né au commencement du XVIe siècle, vers 1509, mort en 1586) ne fait pas le voyage d'Italie, il travaille silencieusement et opiniâtrement, avec une patiente gravité. Il est tourmenté de visées, ou de visions, hautes, il voudrait s'élever, offrir pieusement un chef-d'œuvre au Père Eternel, mais il retombe à terre meurtri et dès lors son œuvre ressemble au labeur d'un pénitent. La misère auréole ce martyr, et Philippe II ne survient qu'au dernier acte du drame de sa vie pour assurer le pain et le gîte au malheureux Moralès. Son chef-d'œuvre, la tragique *Pieta*, est à l'académie de San Fernando, mais il y a sept toiles de lui au Prado: des représentation de Jésus et de la Vierge. Il est gothique de métier, sa peinture est lourde et sévère, il est catholique espagnol d'inspiration et d'expression, et nul ne montrera comme lui, avec plus de triste sauvagerie, plus d'amer désespoir, la mort du Christ et la douleur de sa mère.

Alonso Sanchez Coëllo (1513—1590) jouit de la faveur de plusieurs papes, des ducs de Florence, du cardinal Farnèse. Ces faits donnent beaucoup de vraisemblance à l'assertion de son séjour en Italie. Ce qui est certain, c'est qu'il fut en Espagne l'admirateur et le disciple passionné d'Antonis Mor et que, sans égaler son maître, il fut fort estimé de son temps, ainsi qu'en témoigne son épitaphe composée par Lope de Vega. Il y a au Prado de bons portraits des enfants de Philippe II par Coëllo: *Don Carlos*, l'*Infante Isabelle*, *Isabelle et Catherine* réunies. Il excelle aux images sobres,

F. DE RIBALTA.   *Jésus mort.*

au dessin et au rendu précieux des broderies, des bijoux, de l'or, des perles. Il semble un Clouet espagnol.

Vicente Joanès (Macip), né en 1523, mort en 1579, est le chef de l'école de Valence. Il fait de fortes études à Rome, probablement dans l'atelier de Jules Romain, et revient transporté d'admiration pour leur maître commun : il a senti la beauté paisible, la sereine majesté de Raphaël. Il a vu le jeune maître, le jeune dieu, créer des chefs-d'œuvre sans effort, avec une sorte de joie tranquille.

Sa destinée à lui est d'enfanter dans la douleur. Il se préparera à l'exécution de ses tableaux par des expiations publiques, les pratiques d'une religion exaltée. Le musée du Prado possède une partie considérable de l'œuvre du «Raphaël espagnol»: le *Christ portant sa Croix*, le *Grand-prêtre Aaron, Saint Etienne accusé de blasphème, Saint Etienne devant les docteurs, Enterrement de saint Etienne*, etc., une suite de tableaux dont les sujets sont tirés de la légende de son saint préféré, de sa prédication, de son martyre. Sa peinture est fortement italienne, de couleur nourrie, d'expression tranquille.

Juan Fernandez Navarette (1526—1579), devient sourd et muet à la suite d'une maladie d'enfance. Il vivra pour voir. Il se recueillera dans l'admiration des formes et des colorations et patiemment, le muet, (el Mudo), arrivera à l'éloquence. Le musée de Madrid possède son *Baptême du Christ* et des figures d'apôtres assez intéressantes.

Mais voici un peintre important de cette période de l'art espagnol: Pantoja de la Cruz (1551—1609), ami et élève de Sanchez Coëllo. Comme lui, il est sous l'influence de Mor et il annonce Velasquez. Il vit chez Philippe II, nommé par lui son peintre et son valet de chambre. Il peint tous les portraits de la famille royale, il est l'historiographe du sombre Escurial. Il étudie et représente à merveille son maître, inquiet, subtil, maladif, le visage fade avec des yeux clairs et vifs comme des soupiraux où se révèle le feu intérieur. Il fait aussi de beaux portraits, corrects et sévères, de la troisième femme de Philippe II, Isabelle de Valois, de ses sœurs Maria et Juana, puis de la famille de Philippe III, qui lui a continué son patronage.

Avec Coëllo, Pantoja, l'Espagne s'affirme mieux que par les Christs italiens de Ribalta (1550—1628) et de tant d'autres, tous écoliers des maîtres étrangers, ignorants de leur patrie.

II. — LE GRECO. — J. B. MAYNO. — PEDRO ORRENTE. — JUAN DE LAS ROELAS. — FELIPPE DE LLANO. — ANTONIO FERNANDEZ. — BARTOLOMÉ GONZALÈS. — FRANCISCO PACHECO. — VICENTE CARDUCHO. — EUGENIO CAXES. — LUIS TRISTAN. — FRANCISCO COLLANTES. — ANTONIO PEREDA. — FÉLIX CASTELLO.

Un artiste tient une place importante dans l'art de l'Espagne: Domenico Theotocopuli, dit le Greco. On ne connaît exactement ni la date ni le lieu de sa naissance. On suppose qu'il est né vers 1548, en Crète, qu'il est mort vers 1625, à Tolède. Il est grec d'origine et il a fait un long séjour en Italie. Cela ne l'empêche pas d'être un des plus Espagnols parmi les Espagnols. Agé d'environ trente ans, il vient, vers 1575, s'établir à Tolède, où il fonde une école. Une attraction mystérieuse l'a amené, retenu, fixé. Là est sa vraie patrie, dans la noire Espagne de Philippe II.

Il a fait son apprentissage à Venise, voilà le fait certain. Sur cet apprentissage même, aucun document. Il a pu être élève du Titien, ou bien il a seulement étudié ses œuvres, et aussi celles de Palma, du Bassan, du Tintoret. Il est bon de s'en tenir à cette vue générale. Le Greco est issu de Venise à n'en pas douter, il se montre épris du Titien dans ses premières œuvres d'Espagne telles que le *Partage de la Tunique* (sacristie de la cathédrale de Tolède), puis marque surtout une parenté avec le Tintoret du *Paradis* qui est à Madrid, et du *Paradis* qui est au Louvre. Ce sont les mêmes colorations blafardes et bleues, les mêmes formes allongées, dans nombre de tableaux du Prado, dans la partie céleste de l'*Enterrement du Comte d'Orgaz* (Eglise san Thome à Tolède).

Cet *Enterrement du Comte d'Orgaz* est un chef-d'œuvre très beau, très singulier, sans analogie, parce qu'il montre d'abord une page de réalité extraordinaire, l'ensevelissement, le mort en armure, les évêques, les diacres, les assistants, nobles Espagnols en pourpoints noirs, en collerettes blanches, et qu'il superpose à cette scène exacte et grandiose une vision du ciel entr'ouvert avec

LE GRECO.   *La Vierge.*

la Trinité, la Vierge, des saints, des anges audacieusement lancés dans l'espace et qui, brassant les nuages, semblent soulever un rideau de théâtre au-dessus de la scène funèbre. C'est d'une simplicité, d'une magnificence sans pareilles. Il faut, après avoir vu le Greco du musée de Madrid, faire le court voyage de Tolède pour *l'Orgaz*, — de même qu'il faut faire le voyage de l'Escurial pour le *Martyre de saint Maurice et de ses compagnons*. Je sors ici de mon sujet, mais je ne donne que des indications nécessaires : le *Saint Maurice* est une page splendide qui aurait dû révolutionner la peinture espagnole.

L'admiration du Greco pour le Titien, Palma, Bassan, le Tintoret, fait place chez lui à un goût passionné pour la vision directe des choses et des êtres. Il peint naïvement, fortement, ce qu'il voit, et sa sécheresse, son âpreté sont d'une nouveauté étrange. Il n'a pas renoncé à la couleur, il la montre dans la lumière, et il est extraordinairement lumineux. Plus rien de sinistre, au contraire un hymne à la clarté. Le dessin est parfois déformé, les personnages

LE GRECO   L'HOMME A L'ÉPÉE

allongés outre mesure, le Greco cherche évidemment un aspect décoratif, et comme à tous les chercheurs il lui arrive de se tromper. Cet allongement lui vient d'Italie, du Tintoret ai-je dit, et

par le Tintoret, de Michel-Ange. Mais on peut pardonner une erreur à un grand artiste passionné, si admirablement doué pour grouper les figures, pour distribuer les colorations pures et très simplifiées de sa palette, pour donner à tous ces visages cette expression de passion, d'extase, de violence, de ravissement.

Malgré les deux chefs-d'œuvre absents, on trouvera le Greco à Madrid avec ses défauts et ses qualités qui tiennent également à son génie anxieux. Il y est, avec des tableaux religieux, le *Baptême du Christ,* le *Crucifiement,* la *Résurrection, Jésus-Christ mort*

LE GRECO.   *Sainte Famille.*

dans les bras du Père Eternel, et l'on regarde avec étonnement cette peinture religieuse d'aspect triomphal, qui semble sonore de fanfares, ces ciels de ténèbres, ces lumières plâtreuses, cette peinture pelucheuse, ces grands corps dégingandés, ces petites têtes, et parmi le mouvement et le tumulte, de charmantes expressions, celles de la Madeleine blonde au pied de la croix, d'une Marie bleue et rouge, de saintes, d'anges, d'adolescents, de fillettes aux physionomies enfantines, la bouche petite, le nez à l'évent, les yeux bien éveillés. On regarde des images de saints, saint Basile, saint François, saint Antoine, saint Paul, pareils à des statues ou à des têtes de statues, en bois vermoulu, en granit moussu et humide. Il y a du gothique chez le Greco. Et puis, si l'on passe dans la salle des portraits, on retrouve des personnages semblables aux spectateurs de l'*Enterrement du Comte d'Orgaz,* des pourpoints noirs, des collerettes blanches, des visages gris, des barbes pointues, des yeux qui bougent dans les faces sérieuses. C'est le portrait d'*Un médecin* qui tient un livre, de *D. Rodrigo Vasquez, président de Castille,* de celui que l'on peut nommer l'*Homme à l'Epée,* une physionomie jeune et grave, une main

sur la poitrine, une garde d'épée visible. Je quitte le Greco, avec l'opinion qu'il fut, avant tout, un peintre, et que l'artiste, en lui, était double : un observateur épris de la réalité la plus nette, la plus rêche, un décorateur ambitieux de faire flamber la lumière sur les murailles.

Le Greco a formé plusieurs élèves, parmi lesquels Pedro Lopez, Alessandro Loarte, Diego de Astor, Pedro Orrente, Juan Bautista Mayno. Chez celui-ci (1569—1649), comme chez Pedro Orrente, mort en 1644, il n'y a pas, il ne pouvait y avoir la force d'originalité du maître, mais leur peinture ne manque pas de vérité et de pittoresque. Voyez, du premier, l'*Adoration des Mages*, et du second, surnommé le Bassan espagnol, l'*Adoration des Bergers*.

Il est d'autres artistes à nommer, qui ont précédé Ribera, Velasquez, ou qui ont été leurs contemporains.

Juan de las Roëlas, dit *el clerigo Roelas* (1560—1625), montre, dans la foule qui entoure son *Moïse faisant jaillir l'eau du rocher,* des visages d'hommes,

LE GRECO.   *Portrait d'homme.*

de femmes, d'enfants, avides, impatients, véritablement vivants.

Felippe de Llano, le «Petit Titien», qui fit un grand nombre de portraits non sans mérite, a l'ambition de se débarrasser de son épithète diminutive, d'égaler le puissant maître de Venise. Le portrait de l'*Infante Isabelle Claire Eugénie* est, au Prado, le témoignage de son grand effort.

Antonio Fernandez, qui mourut de misère, en 1684, est représenté au musée de Madrid par *Le Denier de César.*

Bartolome Gonzalès (1564—1627), élève de Caxes, fut désigné pour les commandes officielles. Philippe III le protégea, l'éleva à la dignité de peintre du Roi. Il y a de lui au Prado le portrait soigneux, propret, sans éclat, de *Marguerite d'Autriche,* femme de Philippe III.

Francisco Pacheco (1571—1604), le premier maître et le beau-père de Velasquez, codifie puérilement l'art farouche de Moralès et des peintres religieux. Dans une sorte de catéchisme, *L'Arte de la Pintura*, il fixe les détails d'exécution, proclame la longueur qu'il convient de donner aux clous de la vraie croix, la place exacte des pieds du Sauveur, examine s'il convient de représenter le démon avec ou sans cornes et queue, si les anges doivent être nus ou habillés, etc. Après quoi, les artistes pourront travailler à coup sûr, sans hésitation. Ces théories n'ont pas cessé de cheminer sous terre : on trouve une de leurs sources croupissantes dans notre quartier Saint-Sulpice.

J. B. MAYNO. *L'Adoration des Mages.*

Il y a ici quelques spécimens, très ordinaires, de la peinture de Pacheco, mais n'est-ce pas une figure originale, celle de l'homme dogmatique qui écrivait: «L'Art n'a pas d'autre mission que de porter les hommes à la piété et de les conduire vers Dieu». Son atelier dût ressembler à un couvent clos et farouche, pourtant il y avait une petite porte dissimulée, l'entrée des artistes. Avec Velasquez, il a pour élève Alonso Cano. Des peintres, des écrivains, Herrera, le Greco, Quevedo, Cervantes se réunissent chez lui. D'ailleurs, Pacheco ne s'obstine pas dans la théologie, il abandonne un jour les sommets arides, redescend parmi les hommes. C'est probablement Velasquez qui froidement, simplement, sans phrases, a guéri son beau-père, en lui montrant des «Velasquez».

Vicente Carducho (1578—1638) est un élève de son frère Barthélemy, peintre italien. Lui-même naquit à Florence et vint fort jeune
s'établir en Espagne. Il eut la faveur de Philippe II et de Philippe III,
fut chargé d'un travail immense, colossal, la décoration du
cloître de la chartreuse de Paulan. Il a au Prado des tableaux

de combats, de sièges de villes, bonnes représentations officielles de
la *Bataille de Fleurus*, des faits de guerre qui se passent à Constance,
à Rheinfeld, sous la direction du duc de Feria.

Eugenio Caxes, Caxesi ou Caxete (1577—1642), est élève de son
père Patrice. Un effort vers l'originalité nationale se dessine sous
le règne de Philippe III, les traditions florentines s'atténuent. Caxes
peint l'histoire d'Agamemnon, mais aussi la *Tentative de débarque-
ment des Anglais à Cadix en 1625*, où se manifeste le désir de

3

retracer les épisodes de l'histoire immédiate, de préférence aux exploits des Grecs ou des Hébreux.

Luis Tristan (1586—1640) a pu être le [lien entre le Greco et Velasquez, élève du premier et l'un des maîtres du second. C'est

Moïse faisant jaillir l'eau du rocher.

un précurseur, un artiste de ferme intelligence, de goût sûr, ainsi qu'en témoigne au Prado le *Portrait d'un vieux gentilhomme.*

François Collantes (1599—1656) est un élève de Carducho. L'Ecole espagnole a représenté des paysages, en fonds de tableaux, mais elle compte peu de paysagistes. Collantes est le premier en date, et celles de ses œuvres que conserve le Prado sont remarquables par leur calme d'atmosphère, leur pureté de lumière. Si classiques, composées et ordonnées qu'elles soient, ces pages de nature nous changent du jour fumeux des ateliers et de l'air glacé des cloîtres. Sa *Vision d'Ezéchiel* fait songer à Claude Lorrain, avec sa campagne, ses massifs d'arbres, ses ruines.

Antonio Pereda (1599—1669), élève de Las Cuevas, peint des natures mortes, des portraits, des tableaux d'histoire, et même des scènes philosophiques. Son *Saint Jerôme* est une bonne étude de vieux modèle, le Christ de son *Ecce Homo*, lamentable, la tête martyrisée par la couronne d'épines, tient de ses mains décharnées l'arbre de la croix.

Félix Castello (1602—1656), élève de son père et de Carducho, exécuta de nombreuses fresques pour l'Escurial.

ANTONIO PEREDA.   *Ecce Homo.*

On trouve de lui, au musée de Madrid, deux tableaux militaires.

L'heure est proche. La peinture espagnole va secouer irrévocablement la tutelle italienne, montrer enfin les qualités robustes et fines d'une école ardente, drue, trouvant son originalité chez elle. La Renaissance continue son œuvre, sonne de la trompette autour des murailles rébarbatives, frappe gaiement, à tour de bras, aux portes grillées. La religion ne saurait vivre plus longtemps dans cet état d'hystérie et de violence, dans cette confusion de sang et de préciosité. Des artistes nouveaux vont faire la chaîne et éteindre peu à peu, doucher, ce foyer brûlant et cette fièvre. A travers des secousses et des réactions, l'humanité va apparaître.

III. — RIBERA. — ZURBARAN.

RIBERA.   *Femme, dite la Sibylle.*

Les biographes font naître José, ou Jusepe, de Ribera, dit l'Espagnolet, (1588--1656) à Xativa, près de Valence, ou dans la province de Lecca, royaume de Naples, à Gallipoli, où son père fut officier du Château. De même sont contestés le lieu et la date de sa mort. Les documents possédés sur sa vie agitée forment un fouillis de faits contradictoires, une sorte d'épopée trouble avec des apparitions plaquées de lumière, auprès d'ombres impénétrables, et cette opposition fait songer à la manière même du maître. Cette existence aurait été compliquée comme le plus noir, le plus touffu des romans et des drames de l'époque romantique. Si l'on en croyait la légende, les titres des chapitres ou des actes viendraient d'eux-mêmes sous la plume. *Tu seras peintre!... Misère et captivité... La faveur du Roy... De l'or et*

RIBERA
L'ÉCHELLE DE JACOB

du sang!... La gloire, ses vertiges, ses fureurs... Misère et expiation!... Le soleil de Naples fait étinceler les capes et les pourpoints tailladés, les plumes éclatantes, les pommeaux des épées et des dagues. On voit passer des cortèges brillants, on entend les pleurs et les rires de la musique, le bruit rythmé de la farandole. Des yeux sinistres luisent à l'entrée d'une sombre ruelle qui mène à la cour des miracles.

Ribera fait à Naples ses premières études dans l'atelier de Michel-Ange de Caravage, terrible compagnon, sorti de Rome nuitamment, comme un fauve en chasse, et qui pourra enseigner à son disciple, avec des secrets de métier, l'art de se défaire de rivaux gênants. Après la mort de son maître, que la fièvre emporte, l'Espagnolet se rend à Rome. Cette première étape est rude.. Sans ressources, sans relations, il vit la «vïe de bohême.» Il en serait réduit à ronger son frein pour toute nourriture, si les pensionnaires de l'Académie n'ajoutaient quelques rogatons à son ordinaire, si un cardinal ne recueillait le jeune artiste, ne lui indiquait du geste une petite place, une niche dans son palais. Une niche suppose une chaîne. Ribera la brise.

Est-il vrai qu'il échangea alors la livrée du cardinal contre l'habit militaire, qu'il se battit, fut fait prisonnier, passa cinq ans dans les bagnes d'Alger? Presque tous les historiens négligent cet épisode, on dirait qu'il fait longueur: il y en a trop, on coupe cet effet.

On retrouve Ribera à Parme, à Modène. Il est frappé de la grâce du Corrège, si éloignée de la rudesse de son premier maître, le farouche Amerighi. Il perd, en copiant les tableaux d'Allegri, un peu de sa violence. Sa première œuvre, lors de son retour à Naples, marque cette évolution. C'est une *Santa Maria Blanca.*

Ici se placeraient des intrigues ténébreuses, des incidents obscurs, tragiques, une rivalité avec les Carrache, le Dominiquin, une lutte qui se terminerait à la manière du Caravage. Des biographes, des libellistes, prétendent que ce conflit eut pour dénouement la disparition mystérieuse du Dominiquin, des Carrache. D'autres plaident pour Ribera non-coupable. Ribera a-t-il été assassiné? A-t-il assassiné ses rivaux? Mystère et maffia. On voit rôder autour de cette affaire un certain Belisaire Corenzio, qui n'a pas trop bonne mine: une sorte de «Terreur» napolitaine.

L'amitié que Velasquez témoigne à Ribera est à noter. Velasquez est un bon témoin à décharge. Cependant, on se demande si le maître impénétrable, qui regardait du même œil profond le Roi et ses monstres, n'était pas capable d'observer de la même façon, avec une curiosité savante, l'énigmatique personnage qui passe pour avoir réuni en lui, comme Benvenuto Cellini, deux hommes: un grand artiste, à coup sûr, un bandit, peut-être. Velasquez, seul, pouvait pénétrer dans la cage de cette superbe panthère et la caresser.

RIBERA.   *Saint Pierre.*

Mais le vice-roi de Naples s'avance, voit à l'étalage d'un brocanteur les tableaux du jeune peintre, est séduit, et Ribera entre au Palais, triomphalement, mêlé à la foule des courtisans, par la même porte que le duc d'Ossuna.

La pièce ne serait pas complète si l'amour ne se mêlait à

RIBERA

MARTYRE DE SAINT BARTHÉLEMY

l'action : l'artiste épouse la fille du brocanteur, Léonora Cortese. Les commandes affluent, les toiles se couvrent, les coffres s'emplissent. Ribera est devenu un personnage fastueux. Nommé de l'Académie de Saint-Luc à Rome, peintre officiel, pensionnaire du vice-roi, un peu domestiqué en dépit de sa nature, il produit des œuvres pondérées et solides, où se mêle une grâce corrégienne. Il se grise au banquet de la vie, mais il a l'ivresse mauvaise de ceux qui ont longtemps jeûné. Ce qu'il va chanter au dessert, d'une voix forte, rauque, sépulcrale, ce sont les visions farouches de sa jeunesse, les souffrances qu'il a endurées, les tortures de son amour-propre humilié et de son ventre creux. Les pauvres diables, nus ou vêtus de noir, qu'il va peindre, lui ressembleront comme des frères. Il représentera le *Martyre de saint Barthélemy, Saint Paul dans sa grotte, Saint Laurent, Saint Sébastien, Saint Janvier, Saint Jean*... tous ceux qu'on a grillés, fustigés, cuits au four, décapités, lapidés, écorchés, percés, dépecés, tenaillés, étripés, crucifiés. Ce peuple de martyrs est au Prado.

Il y a des pages de premier ordre parmi les soixante-dix tableaux de Ribera que possède Madrid : des figures d'apôtres ; des scènes bibliques où il y a une parenté avec Rembrandt: *Jacob béni par Isaac;* le portrait de femme, dite la *Sibylle,* belle d'attitude et de chair, le visage de profil, le menton appuyé sur son bras nu; le groupe de la *Sainte Trinité,* où la colombe vient voler entre les bras du père au-dessus du cadavre du fils; le sauvage *Martyre de saint Barthélemy,* l'horreur du grand corps attaché à la potence, l'acharnement des bourreaux.

Mais le chef-d'œuvre de Ribera à Madrid, c'est l'*Echelle de Jacob,* le magnifique chemineau endormi dans un vaste et triste paysage. L'homme, vêtu de bure, écrasé de fatigue, montre la face triste, résignée et énergique de ceux qui savent la vie et qui sont dignes de la vivre. Sur ce visage, admirablement peint, Ribera a marqué le courage, le dédain, il a éclairé ce front de la lumière de l'intelligence.

Il recherchera des martyrs aussi dans l'antiquité: Prométhée, Ixion, ceux qui ont enduré des souffrances surhumaines. Il enflera sa voix, il la soufflera dans un tube d'airain pour nous annoncer la sinistre parade, accompagner les hurlements de ses martyrisés. Les simples difformités l'occuperont un instant, comme un intermède: tel le *Pied-Bot* du Louvre. Un homme qui a perdu la vue, ce n'est pas grand'. chose, mais c'est tout de même une créature qui souffre, cela peut intéresser en passant: il peindra l'*Aveugle de Gambazo.*

C'est sur ces corps pantelants, ces membres tordus, ces entrailles fumantes, qu'il promène son pinceau, lentement, amoureusement, violemment quand l'odeur du sang lui monte à la tête. Il fouille les plaies, il les exacerbe, il va chercher le pus au fond. Pour faire des martyrs, il faut des bourreaux, et Ribera a une sympathique considération pour ses pourvoyeurs. Il s'acquitte d'un devoir en peignant le grand-prêtre qui condamne, le bourreau qui exécute, les soldats qui assurent l'ordre. Il leur réserve dans ses compositions une bonne place, les groupe autour du «morceau», du lambeau, de la plaie qui fait le sujet du tableau. qui est le vrai motif. Enfin. ayant achevé son œuvre. placé en vedette ce qu'il a pu imaginer de plus cruellement réaliste. il ouvre le volet d'une lanterne sourde. projette sur le morceau fumant un jet de lumière brutal. L'effet est trouvé.

On n'évoque pas impunément les Furies. Cet homme hanté de tortures et de visions sanglantes va souffrir et saigner à son tour. Sa fille bien-aimée. Maria-Rosa. a plu à don Juan d'Autriche. C'est le dernier acte du drame. Le royal séducteur suborne et enlève la fille du peintre. La Bible. la Mythologie. tout s'écroule et s'efface. Ribera ne voit plus que sa propre misère. Il cherche en vain le repos. l'oubli. le silence. Un jour. en 1649. il disparaît mysté-

RIBERA.　　　　　　　　　　　*La Sainte Trinité.*

rieusement. on perd sa trace. Il tombe dans un de ces trous de ténèbres qu'il creusait dans ses tableaux. On croit qu'il n'est mort que sept ans après. mais on peut écrire que cette date est bien celle de sa mort. Sur ce dernier épisode. comme sur les autres. les biographes sont en désaccord.

Francisco Zurbaran (1598—1662) est né à Fuente de Cantos. dans l'Estramadure. Il fait ses premières études dans l'atelier du *licenciado* Juan de las Roëlas. à Séville.

4

Ribera, qui aimait les contrastes violents, aurait pu faire un tableau saisissant, image de sa destinée et de celle de Zurbaran. Tous deux placés à un carrefour que domine une énorme croix noire. Ribera va prendre la route de gauche, raboteuse, sinistre, coupée de fondrières où pourrissent au soleil des cadavres d'hommes et d'animaux : elle s'enfonce et se perd dans une forêt sombre. Zurbaran regarde le grand chemin uni, lumineux, qui mène à des lointains bleuâtres, où l'on devine des bocages d'Eden. A gauche, on entend des coups d'escopette, à droite, le tintement de cloches argentines. Zurbaran fera lentement, en sage, son unique voyage dont les étapes sont : Séville, Guadalupe, Madrid.

C'est une grande figure grave, austère, recueillie, imprégnée jusqu'aux moëlles du mysticisme espagnol, aussi éloigné des brutalités de Ribera que des gentillesses de Murillo. On voit clair dans le cristal de son âme. Elle est aussi limpide, aussi chaste que celle d'Eustache Lesueur. Elle est plus mâle. Sa foi tranquille et simple ignore les affres de Moralès, les tourments de Pacheco, sacristain inquiet, bavard et agité, la passion du Greco. Zurbaran ne trouve rien de plus beau que les moines dans leurs robes de bure, ou de laine blanche, et il peint des moines respectueusement. Il ne leur ajoute pas des ailes d'ange, mais dans son ardent désir de les ennoblir, il donne à l'humble froc une majesté paisible.

Il sollicite la permission de se faire un peu moine lui-même. Il a, d'autre part, quelque chose de plus que la foi. S'il a l'âme d'un primitif, il a la main d'un ouvrier consommé, on pourrait presque dire «la patte». Les patientes études de nature morte faites dans l'atelier de Roëlas lui ont donné une incomparable virtuosité. Etoffes, accessoires, terrains, il interprète tout avec une tranquille maîtrise. Son Franciscain en prière, de la National-Gallery, d'un sentiment si âpre, est en même temps un morceau de peinture savoureux. Les bruits du monde ne franchissent pas les hautes murailles du cloître où l'artiste s'est enfermé. Les vagues humaines tourbillonnent, bondissent à l'assaut, retombent en poussière. Zurbaran ne fait pas de tableaux d'Histoire, pas de portraits, si ce n'est ceux de quelques dignitaires de l'ordre de la Merci (San Fernando). Au-dessus du couvent, plus haut que la tour d'ivoire de son atelier, flotte un monde de visions célestes qu'il va fixer sur sa toile : Sainte Ursule, saint Thomas. sainte Casilda, le Christ... Cette *Casilda,*

ZURBARAN. *Sainte Casilda.*

qui est au Prado, tombée dans l'œuvre de Zurbaran toute chaude du coloris vénitien de Roëlas. doit oublier parfois son éventail au bord d'un bénitier. Son visage fardé est pourtant grave, si elle semble se complaire en ses atours bien ajustés, robe marron, corsage vert et bleu, manches rouges, écharpe jaune, tout un délicieux arrangement de couleurs.

Apprécié à sa valeur par Velasquez, désigné au roi, Zurbaran vient à Madrid en 1650, est chargé par Philippe IV d'exécuter une série de tableaux qui vont tenir une grande place dans son œuvre.

Il s'agit de compositions mythologiques. Nous croyons deviner, mais nous nous trompons peut-être, les inquiétudes, les scrupules éveillés, les secrètes révoltes de Zurbaran. On lui épargne toutefois les fantaisies de Jupiter, les équipées de Vénus. Le héros qu'on lui désigne est presque un saint, presque un martyr, il a passé sa vie à terrasser les méchants, à exterminer les monstres. Dans ces temps fabuleux, on prêchait l'Evangile à coups de massue, voilà tout. Zurbaran entreprend donc et mène à bien les *Travaux d'Hercule* dont les dix numéros figurent au Prado. Le peintre n'a pas fourni le compte des douze tableaux, peut-être parce que certaines prouesses d'Hercule lui auront paru trop scabreuses. Les dix toiles montrent dix belles académies, dix solides peintures : Hercule aux prises avec les montagnes Calpe et Abyla, le monstre Geryon, le lion de Némée, le sanglier d'Erymanthe, la taureau de Crête, le géant Antée, la rivière Alphée, l'hydre de Lerne, le chien Cerbère. Il est enfin brûlé par la tunique du centaure Nessus.

Le musée du Prado conserve encore deux œuvres importantes de Zurbaran : une *Apparition de saint Pierre*, crucifié la tête en bas, et une magnifique composition : *Vision de saint Pierre Nolasque*.

Les meilleurs élèves de Zurbaran sont Barnabé de Aijala, Martinez de Gradilla, les frères Polenco.

VELASQUEZ

PHILIPPE IV (âge avancé)

IV. — VELASQUEZ.

VELASQUEZ. *Sa femme Juana Pacheco.*

Velasquez est né à Séville le 6 juin 1599. Il est mort à Madrid le 7 août 1660.

C'est une figure grave, énergique, impassible. Si un imperceptible sourire d'ironie fait frissonner parfois sa moustache cavalière, c'est qu'il a été distrait un instant. Il a cessé, pendant la durée d'un éclair, de regarder devant lui, autour de lui, de fouiller, de noter, de voir, de comprendre. Une vision s'est interposée, tristement risible, quelque chose comme ces pauvres bouffons qu'il peindra si bien... Cette vision, c'est sa destinée. Molière souriait de cette façon là.

Il porte fièrement la livrée, mais il sert. Les barreaux de sa cage sont dorés, mais ce sont des barreaux. Debout dans sa loge, tragique et silencieux comme un lion enfermé, il regarde l'humanité qui passe.

Rubens parcourt le monde à grand fracas, son œuvre éclatante chante avec des sonorités cuivrées la joie de vivre. Raphaël, beau comme un jeune dieu grec, traverse lentement la scène, suivi d'un cortège d'élèves, d'une cour brillante qui fait froncer les sourcils de Michel-Ange. Van Dyck est plus duc que tous les ducs qu'il fait poser devant lui. Du bout de son pinceau, en retroussant ses manchettes de dentelles, il les touche, les transfigure, leur donne un peu de sa noblesse flamande. Rembrandt ouvre sur la rue la porte de son atelier, un rayon de soleil entre, traverse les ténèbres, la rumeur de l'humanité entre aussi, appelle l'artiste qui s'en va libre par la foule. Titien est le doge mystérieux et tout-puissant de la peinture, il laisse l'autre épouser la mer et prend pour lui la lumière. Velasquez, tout frémissant de son art, enveloppé jusqu'aux yeux dans le sombre manteau de sa dignité, frappe discrètement à la porte de l'Intendant du palais

VELASQUEZ.   *L'Adoration des Rois.*

pour lui demander ses gages en retard, un acompte.

Ce sera ainsi durant toute sa vie. Sur le tard, à l'ancienneté, il parviendra au grade d'Aposentador. Cette promotion d'un collègue un peu fier fera sans doute ricaner l'Idiot de Coria et Sébastien

VELASQUEZ   LES BUVEURS

VELASQUEZ.

Les Buveurs (fragment).

Le Jardin de la Villa Médicis.

de Morra, qui a l'esprit caustique. Pauvres nains! Si la charge de maréchal-fourrier et de peintre du roi est lourde, celle d'amuser est effroyable. Velasquez n'est chargé que de distraire un peu le monarque, de l'occuper: celui-ci le lui rend bien d'ailleurs.

VELASQUEZ   LA FORGE DE VULCAIN

Si Philippe IV était né deux siècles plus tard, il eut fait certainement de la photographie pour se désennuyer, nous aurions une longue série de clichés où l'on pourrait suivre et étudier toutes les formes du spleen aigu. Venu trop tôt, le roi a dû demander qu'on lui trouve un spécialiste adroit de ses mains, et il l'a chargé de reproduire à l'année, moyennant une petite pension, les traits du roi, l'épouse du roi, les infants du roi, les courtisans, les chiens, les bouffons, le gibier, les arbres du roi.

Velasquez sera nommé à ce poste d'honneur sur la recommandation d'un dignitaire du Chapitre de Séville, un certain Fonseca, dont il a fait le portrait. On n'entrait guère à la Cour, fut-ce comme sous-moucheur de chandelles, sans la protection d'un chanoine, d'un évêque, ou bien d'une suivante de la remueuse de l'Infant... Gil Blas nous l'a dit.

Velasquez avait, par surcroît, quelques titres : brevets de noblesse et sérieux répondants artistiques. Don Diego Rodriguez de Silva y Velasquez, issu d'une famille noble d'origine portugaise, était de bonne et haute mine et n'avait rien perdu de sa distinction au contact du brutal Herrera, chez qui on l'avait placé à l'âge de treize ans. Un jour, il sort de la tanière de ce terrible compagnon, s'éloigne jusqu'à ce qu'il n'entende plus le grondement lointain des imprécations, le fracas des appuie-mains brisés, des tabourets renversés, et discrètement, avec une belle révérence à l'espagnole, il pénètre dans l'atelier du seigneur Pacheco.

Le maître du logis est là qui parle avec affectation et sans arrêt. C'est un robinet d'eau bénite. Les yeux levés au ciel, il laisse tomber des sentences d'un mysticisme séraphique et précieux. Disserte-t-il d'art ou de théologie? On ne sait, mais un gentilhomme qui l'écoute impatiemment, se lève, l'interrompt, débite avec emphase des vers de sa façon. Dans un coin de l'atelier, un vieillard à l'œil profond, à l'allure militaire, cause en souriant avec une belle jeune fille, la fille de Pacheco. Il se garde bien de lui conter ses campagnes, pourtant on devine qu'il les conterait superbement, qu'il a beaucoup vu et observé.

Le poète, c'est Gongora. Le vieillard, c'est Cervantes. Velasquez a fait, croit-on, le portrait de Gongora. Quel malheur qu'il n'ait pas fait plutôt celui de Cervantes! C'est la faute de Philippe IV. L'artiste, au cours de sa laborieuse carrière, trouvera-t-il même le temps de fixer sur la toile les chères images de sa femme et de sa fille? Le portrait de sa femme est au Prado, et il a le caractère de l'authenticité, mais il n'en est pas de même des deux images que l'on suppose représenter la fille de Velasquez.

Le voilà admis et installé dans le nouvel atelier. Le ronron béat du dévôt Pacheco ne le gêne guère. Il laisse le vieux maître édifier de ses mains pieuses de petites chapelles et, silencieusement, il cherche, ramasse, soupèse, accumule les matériaux du monument colossal qu'il doit élever, un monument devant lequel les religions et les politiques défileront, passeront, ou pourriront sur place, un monument à l'éternelle vérité, à l'éternelle beauté — son œuvre.

Velasquez fait patiemment son apprentissage de maître-ouvrier. Il veut connaître à fond les secrets du métier, les posséder au point de n'y plus penser. Il peint des natures mortes, des *bodegones*, des figures qu'il traite comme des natures-mortes, des choses à peindre. Plus tard, il traitera les natures-mortes comme des figures, verra partout la vie. Il cherche, pour le moment, la précision, le signe juste et bref, le rendu littéral qu'il ne confond pas avec le trompe-l'œil. On trouve des vestiges de ces premières études à Munich, à Saint-Pétersbourg, à Vienne, à Londres.

Velasquez veut bientôt rendre sensible l'insaisissable enveloppe qui baigne ses modèles, il voudrait que l'atmosphère de son tableau continuât celle où il se meut lui-même. Moratin dira

Velasquez.   *Le Jardin de la Villa Médicis.*

justement de lui qu'il a *su peindre l'air*. On ne trouvera pas
mieux, et la critique ne pourra que développer cette observation
véridique. Avait-il, à cette époque, conscience de son génie? Faut-il

voir dans ces débuts modestes, cet effacement voulu ou accepté, un trait de fierté espagnole, le fait d'un caballero qui marche droit sur les bas-côtés plutôt que d'être exposé à céder à quelqu'un le haut du pavé?

Le chroniqueur Palomino conte que Velasquez aimait mieux être le premier dans sa manière rustique... *«que mias queria ser primero en aquella groseria, que segundo] en la delicadeza.»* Cependant, il ne regarde pas que ses modèles, il sait aussi regarder les œuvres des autres peintres, Ribera, le Caravage, Tristan, le Greco, qu'il observe longuement, dont il veut pénétrer la volonté et le travail. De cette époque, 1618—1624, on connaît le *Porteur d'eau,* une *Vieille femme faisant cuire des œufs,* les *Deux garçons.* Enfin, le jeune maître fait un pas en avant. Il exécute un tableau composé: *l'Adoration des Bergers,* puis un autre, *l'Adoration des Rois,* qui est au Prado. Le groupe de la Vierge et de Jésus y est admirable par la manière dont la mère, une belle paysanne, tient tout droit, de ses deux fortes mains, le petit enfant au visage volontaire: elle l'expose, simplement, modestement, à l'adoration des Mages apportant leurs précieux vases de nard, d'encens, de myrrhe.

On voit que, s'il ose aborder l'Histoire sainte, il choisit des sujets familiers où pourront trouver place ses premières découvertes. C'est tout. Ce fils de la catholique Espagne n'a pas le sentiment religieux. Le doux Pacheco, tout en égrenant son chapelet et ses apophtegmes, observe du coin de l'œil le fier petit cavalier qui travaille si bien, sans bruit, dans un coin de son atelier. Quel gendre ce serait, si sa piété était un peu plus exaltée, au ton de la maison! Quelle âme à sauver! Il ne se sent pas de force à catéchiser Velasquez, mais il pense que sa fille y réussira mieux que lui. Elle-même n'en doute pas. On marie les deux jeunes gens. Comment Velasquez, qui n'a pas encore vingt ans, résisterait-il à la douce influence de sa chère Juana? De bonne grâce, il se met à faire de la peinture religieuse. Son brave homme de beau-père en pleure de joie. Il ne doute pas que son gendre ne soit bientôt un sujet édifiant. Le néophyte se prête courtoisement à l'exorcisme et travaille. Qui travaille prie, dit le proverbe. Il s'avance timidement dans la voie du salut, se cramponne encore aux sujets familiers. Il peint un *Christ chez Marthe*, les *Pélerins d'Emmaüs*. Ici finit la première partie de l'histoire.

Après un premier voyage à Madrid en 1623, où il ne trouve pas le duc d'Olivarès, auquel il est recommandé, il en fait un second, recontre enfin son redoutable protecteur. On montre au roi un portrait de Fonseca, qui plaît au monarque. Velasquez entre au palais avec le titre envié de valet de chambre et une pension de 200 ducats. Il est pris.

Il va désormais, jusqu'à la mort, tourner, comme Samson, dans le cercle étroit qu'on lui a tracé dans un coin du palais. Il recevra vers la fin de sa carrière la clef d'or des chambellans qui donne accès à toute heure dans les appartements royaux, mais dès son entrée au Palais, il a fallu qu'il livre la sienne à Philippe IV pour que cet homme puisse, à toute heure, venir poser ou bâiller dans l'atelier, quand il ne rôde pas autour des chenils. A certains jours, il prendra même des mains de son serviteur la palette et la brosse, il daignera faire semblant de peindre.

La série des portraits officiels est commencée. Les premières études de Velasquez l'ont bien préparé à la tâche qu'il entreprend. Il faut tout son génie pour que les tableaux qu'on lui commande représentent autre chose qu'un pourpoint brodé, une collerette, une cuirasse, des bottes fauves, des bas de soie: une nature morte. Son prodigieux talent nous fait deviner sous ces objets des créa-tures animées d'une vie obscure, mais réelle, incontestablement. Cela tient du sortilège. A quoi songe l'Inquisition? Il parvient à faire respirer, palpiter, sourire même parfois, les pauvres infants,

Velasquez.
Ménippe (fragment).

VELASQUEZ   MÉNIPPE

bambins anémiés, décolorés, gâtés, asphyxiés, qui ont l'air, non pas de vivre, mais d'être rappelés à la vie par le génie du peintre.

De cette époque datent des tableaux de chasse qui sont en Angleterre, des gibiers, la réunion de gentilshommes qui se trouve au Louvre, enfin une étude à mi-corps représentant, en buste cuirassé, barré d'une écharpe lie de vin, le roi imberbe à dix-huit ans, puis un portrait du roi en noir, avec une lettre à la main, puis l'Infant don Carlos, frère du roi, — trois toiles qui sont au Prado.

On met au concours un tableau représentant le dernier épisode de l'expulsion des Morisques. C'est de l'Histoire, au même titre qu'un pourpoint neuf ou une chasse royale. Velasquez se met sur les rangs et l'emporte sur ses rivaux : Caxes, Vicente Carducho, Angelo Nardi. On ne connaît ce tableau que par la description de Palomino, il fut détruit dans l'incendie de l'Alcazar.

Velasquez a vingt-neuf ans, il cherche encore sa voie, un grand artiste va la lui indiquer.

Rubens, chargé d'une mission politique, arrive à Madrid dans tout l'éclat de sa maturité triomphante. Les conférences avec les ministres ne le prennent pas tout entier et, son portefeuille de diplomate sous le bras, il heurte à la porte de l'atelier du jeune artiste. On peut supposer qu'après en avoir fait le tour, il lui frappe sur l'épaule et l'embrasse cordialement, à la flamande. Il le sacre grand peintre, comme il a sacré Van Dyck et Jordaens. Pendant un an, Velasquez va voir Rubens à l'œuvre, copiant avec une verve débridée les Titien des collections royales. Forte leçon. Rubens donne en partant un conseil à Velasquez : qu'il fasse le voyage d'Italie.

Il est bien vraisemblable que le célèbre tableau des *Buveurs* — *los Bébedores* ou *los Borrachos*, — doit quelque chose au contact vivifiant du maître flamand.

Ce tableau, que le peintre anglais Wilkie contempla, dit-on, pendant trois mois entiers, à l'exclusion de tous les autres, ce tableau où Carducho ne veut voir qu'une réunion de drôles effrontés, mérite plutôt cet «excès d'honneur que cette indignité». Velasquez en vacances, débarrassé sans doute pour un temps du fantôme qui s'installe si souvent dans son atelier, s'en donne à cœur joie de peindre des vivants.

Il s'agit d'une cérémonie bachique où des buveurs chevronnés admettent, avec des rites saugrenus et gaillards, un nouveau membre de la confrérie. Tous ces gens-là ont dû boire de la forte bière dans les Flandres, du vin d'Asti en Italie, du tord-boyaux un peu partout, toutes les piquettes qu'on trouve dans les caveaux des villages mis à sac, toutes les liqueurs précieuses qu'on découvre dans les châteaux, dans les couvents, enlevés à coups de pique et d'escopette. En regardant vers le coin, à gauche, les vieux soudards peuvent se croire encore dans la campagne romaine: le garçonnet qui est là, couché à demi, ne ressemble-t-il pas à un jeune faune antique? Et l'éphèbe qui officie, comme il les conduirait joliment à l'assaut, en frappant sur un long tambour! Comme ils auraient gaillardement égorgé, étripé le lansquenet qui eût osé toucher de son épée, du bout du doigt, cette peau blanche et délicate. Ces vieux ogres entourent joyeusement de leur tendresse la chair fraîche qui préside à leur campement. Tableau admirable de relief, de vie animale et joyeuse, par ces faces vineuses et riantes, ces costumes, ces loques dont les couleurs, marron, amadou, jaune, composent avec les verdures, les couronnes de feuilles de vigne, une riche et sourde harmonie, éclairée par le bol blanc du buveur au grand chapeau, par le verre délicat que lève un compagnon, par l'épaule et le torse du gras et jeune Bacchus, aux yeux vicieux et fins.

Velasquez, sur le conseil de Rubens, sollicite un congé, l'obtient, s'embarque pour l'Italie avec une maigre subvention du duc

VELASQUEZ   ESOPE

Ésope (fragment).

6

d'Olivarès: 200 ducats. Il ne fera pas un voyage fastueux à la manière du maître d'Anvers. De l'or! Il en trouvera sur les toiles du Titien, du Véronèse, du Tintoret. Il fait à Venise de nombreuses copies, entres autres celles du *Crucifiement*, de la *Cène*, du Tintoret: il les envoie au roi, qui rentre largement dans ses frais. De Venise, il passe à Ferrare, à Bologne. Il arrive enfin à Rome où il va séjourner une année. Le Cardinal Barberini, neveu d'Urbain VII, lui offre l'hospitalité, mais il préfère, à cette nouvelle prison, la Villa Médicis.

Cette année de Rome est une année laborieuse. Velasquez copie, ou plutôt fait des études colorées d'après le *Jugement dernier*, les *Prophètes*, les *Sibylles*, à la Chapelle Sixtine, d'après l'*Ecole d'Athènes*, le *Parnasse:* Michel-Ange et Raphaël. Il dessine d'après les statues antiques. On retrouvera la trace de ces fortes transcriptions dans son œuvre: voyez la superbe «hilandera» qui se cambre au coin droit de la *Fabrique de tapis.* Velasquez n'aura pourtant rien d'italien. Il semble qu'il fasse des gammes, qu'il se prépare à orchestrer et à exécuter la magnifique symphonie qui bruit dans son cerveau. Dès son enfance, il a manifesté des dispositions pour les sciences exactes. C'est avec une méthode scientifique qu'il s'avance froidement, sûrement, sur le chemin de la gloire. Le grand style de Raphaël et de Michel-Ange ne se superpose pas, heureusement, à sa vision directe de la vie. S'il monte un instant jusqu'à l'Olympe pour y trouver un sujet de tableau, il redescend bien vite et nous conte en langage familier ce qu'il a vu là-haut.

Il peint en Italie la *Forge de Vulcain*, où il semble avoir fait poser, dans son échoppe, le forgeron du coin et ses aides. Vulcain paraît tout ébahi de voir entrer chez lui le dieu de la lumière, Apollon. Nous le sommes autant que le brave homme, nous attendions plutôt l'allumeur des lanternes venant causer des racontars du quartier avec son voisin le maréchal. En réalité,

VELASQUEZ   LE PRINCE BALTASAR
                                (à six ans)

Le prince Baltasar à six ans (fragment).

l'artiste n'a vu et ne nous montre qu'un contraste entre la lumière du soleil et le feu de la forge, de beaux torses nus, de rudes tabliers de cuir, la draperie jaune de l'Apollon, le petit pot blanc posé au rebord du manteau de la cheminée.

Autre tableau fait à Rome: la *Tunique de Joseph*. En Italie aussi il brosse de verve, d'après nature, les deux vues prises dans le *Jardin de la Villa Médicis*, deux paysages légers, souples, délicieux, où ne passent ni la chasse royale, ni la pavane, ni les parasols de la reine. L'air seul y court entre les cyprès qui rappellent Séville à l'artiste. Velasquez quitte Rome, se rend à Naples, où il va rencontrer Ribera, le maître de son pays dont les œuvres ont ému sa jeunesse. Il emploie son crédit à lui faire vendre des tableaux à Philippe IV, et trouve le temps de faire, en passant, le portrait de dona Maria, reine de Hongrie, sœur du roi d'Espagne, cheveux blonds, bouche lippue, vêtue de brun clair et de gris, si c'est bien le portrait de femme en buste qui est au musée du Prado.

VELASQUEZ. *L'Infant D. Ferdinand d'Autriche, frère de Philippe IV.*

VELASQUEZ

LE NAIN EL PRIMO

Il faut rentrer à Madrid où le roi réclame son peintre entre deux bâillements.

Velasquez a vu, étudié, copié les plus beaux tableaux du monde. Il a les yeux éblouis et le cerveau fatigué. L'Olympe, l'Ancien et le Nouveau Testament, les dieux païens, la Sainte Trinité tourbillonnent devant lui en une mêlée de formes et de couleurs. Il sort enfin du dédale, du colossal musée qu'est l'Italie. Il revoit la vraie lumière. Un homme passe, drapé d'un vieux manteau, un chapeau crasseux sur l'oreille, et Velasquez trouve qu'il est aussi beau qu'un saint Pierre ou qu'un vieil œgipan. Titien, Véronèse, lui trouvant de l'allure, une belle barbe, auraient jugé qu'il

VELASQUEZ.

Marianne d'Autriche, seconde femme de Philippe IV.

pouvait poser convenablement un apôtre batailleur, à condition d'atténuer, d'escamoter ce que le modèle a d'un peu «canaille». Velasquez voit la flamme de son regard, le sourire cynique de sa bouche, devine la pensée qui bouillonne et pétille. Il n'y change rien, le nomme Ménippe, comme aurait fait Shakespeare peintre. Il aurait pu le nommer Diogène. Tel qu'il est sorti de ses mains, c'est un vagabond philosophe en manteau noir, en jambières de cuir jaune.

Marianne d'Autriche (fragment).

VELASQUEZ (attribué à)   PHILIPPE IV

Il a auprès de lui une cruche et un livre. Il sourit dans sa barbe de bouc, il penche la tête, regarde le spectacle humain de ses yeux phosphorescents.

Dans un autre passant, il devine un Esope, un visage pâle, fatigué, douloureux, méditatif, une épave que la vie a roulé dans ses flots violents et qui n'a plus rien que sa robe de bure, son cahier sous le bras, son front pensif, sa bouche close, son masque résigné et fier. Avec ces deux hautes figures, c'est le grand Velasquez qui apparaît aussi, celui qui se cache et qu'il faut deviner sous ses besognes.

Il doit retourner à la meule. De 1631 à 1636, Velasquez produit régulièrement et presque exclusivement des effigies royales ou princières: le portrait de l'infant don Baltasar Carlos à deux ans, le portrait du roi que l'on envoie à Florence, l'Infant à six ans, en petit chasseur, un fusil à la main. Le petit bonhomme, déjà droit et grave, guêtré de noir, ganté de jaune, en costume marron, en collerette de dentelle, la casquette sur le côté pour montrer ses cheveux blonds, est debout en avant d'un paysage de montagnes grises et bleues. A sa gauche un gros chien dort d'un œil, la tête allongée sur le sol; à sa droite une levrette montre son fin museau. Le petit prince est admirablement campé et avec sa majesté déjà apprise, il a encore de la grâce de l'enfance. Mais Velasquez fera mieux de son princier modèle.

Il peint encore Philippe IV, et son frère l'infant don Fernando, tous deux en attirail de chasse. Ces deux toiles sont aussi au Prado.

Le roi est semblable à celui de notre Louvre, costume marron, gants jaunes, la moustache blonde en croc. Son frère, imberbe, au grand nez, le fusil aussi en main, apparaît dans un paysage à peu près semblable, de verdures et de rochers.

Ces jeunes chasseurs ont grand'besoin de se promener à l'air. Leur apparence élégante et fragile a pour voisinage la force d'énormes chiens musclés, ramassés, débordant d'énergie réprimée, qui sont auprès d'eux. Velasquez a vu ce contraste, et s'il l'a exprimé paisiblement, l'effet n'en est pas moins violent et terrible.

Le portrait de Marianne d'Autriche est-il de cette époque? La date est douteuse. C'est une extraordinaire poupée que cette royale Mère Gigogne dont la robe semble se tenir debout toute seule. Mais quelle robe! Quel portrait de robe, noire, galonnée d'argent, comme une housse mortuaire! Il y a une femme sous ce catafalque, sous cette coiffure empanachée, une femme aussi empesée et raide que son costume. L'ennui des reines d'Espagne est peint avec la pâte de Velasquez sur ce visage pâle, avivé de rouge aux joues et aux lèvres, dans cette attitude rigide, une main au dossier d'un fauteuil, l'autre appuyée sur la construction de sa robe bouffante, et tenant un mouchoir bordé de dentelles.

L'infant Baltasar Carlos reparaît à cheval, bambin juché sur une grosse jument, toute ronde. Bien en selle, projeté dans l'espace, il tient en main un bâton de commandement au bout duquel on cherche des grelots. Il n'y en a pas. Ce jeune conquérant est fort sérieux. Son portrait est parmi les délices de la peinture. Le paysage est blanc et bleu, de neige et d'éther, d'ombres légères et de jeux de lumière. Le petit prince à grande collerette, en bottes de cuir souple, en manches jaunes, son écharpe rose frangée d'or envolée autour de lui, bondit vraiment dans l'air. Personne n'a peint comme Velasquez le mouvement des cavaliers, soulevés au rythme d'un galop, et ce mouvement ici est merveilleux, à croire que l'on voit le prince se dresser sur ses étriers en même temps que sa jolie bête chevelue quitte le sol de ses pieds de devant recourbés. Et après que l'on a admiré la manière simple, sans trompe-l'œil, sans insistance, qui exprime le velouté des étoffes, la souplesse des cuirs, la dorure des broderies, le brillant des métaux, on reste en contemplation devant ce visage pâle aux yeux noirs, merveille

VELASQUEZ

LE PRINCE BALTASAR
(à six ou sept ans)

VELASQUEZ.   *Le Prince Baltasar à six ou sept ans (fragment).*

des merveilles, sur lequel, vraiment, passe le vent de la course et tout l'air du paysage.

De 1640 à 1648, Velasquez peint le *Christ en croix*, puis des portraits: le duc François de Modène, l'amiral Pareja, (chef-d'œuvre qui est à la National Gallery), don Antonio Alonso Pimentel, comte de Benavente, en armure damasquinée, figure un peu sèchement réalisée, qui pourrait faire naître un doute. L'*Olivarès*, par contre, est splendide.

Le comte-duc d'Olivarès s'enlève pesamment et magnifiquement sur un cheval de bataille. De bataille et de victoire, il n'y a que la place. Type de diplomate rusé, de guerrier brutal et mauvais joueur qui fait brûler les villages comme un autre jetterait les cartes à la figure de son adversaire. Si ce visage aux yeux subtils, à la moustache de matamore dessinée en virgule sur la joue hâlée, si cette physionomie prudente et dure est admirablement caractérisée, le mouvement du cavalier est aussi vrai et étonnant que celui du petit Baltasar. Ici, c'est un homme corpulent, bien en selle, le bout de la botte sur l'étrier, qui tressaute au galop d'un alezan. Le cheval est de satin brun, l'homme est de métal noir. Il porte aussi un feutre gris, des bottes de buffle, une écharpe lie de vin à longues franges d'or, une merveilleuse épée qui fait songer à l'épée de Don Salluste décrite par Hugo en ces vers de *Ruy-Blas:*

> La poignée est de Gil, le fameux ciseleur,
> Celui qui le mieux creuse, au gré des belles filles,
> Dans un pommeau d'épée une boîte à pastilles.

En 1634, Velasquez a marié sa fille Francesca à Juan Bautista del Mazo, l'un de ses élèves, auquel il transmet sa charge d'huissier de la chambre. Lui-même obtient de l'avancement, et mieux que cela, le paiement longtemps différé des travaux qu'il a rapportés d'Italie. La disgrâce de son protecteur le comte-duc d'Olivarès, sa fidèlité à ce ministre tombé (trait d'héroïsme), certains différents avec l'intendant Malpica, menacent de briser sa carrière officielle. On se prend à regretter que l'Intendant n'ait pas eu assez de crédit pour faire sortir Velasquez du Palais et lui rendre sa liberté. Nous aurions cinquante tableaux de plus du grand homme qui usait sa santé et perdait son temps à des besognes dignes du seigneur Malpica.

Velasquez fait partie de la suite du roi dans son voyage en Aragon. Au siège de Lerida, il manque encore l'occasion de faire un beau portrait, comme il a manqué Cervantes à Séville : la tranchée était fort rapprochée de la place, il a dû voir souvent se hausser par-dessus les terrassements une tête d'oiseau de proie, d'un caractère inoubliable : Condé !

A défaut du conquérant indomptable, il brosse en hâte le

VELASQUEZ.   *D. Antonio Pimentel, comte de Benavente.*

portrait d'un autre indomptable, le pamphlétaire Quevedo, un confrère qui a fait aussi un portrait d'Olivarès, commentaire du portrait équestre. Velasquez n'a qu'une prison, Quevedo a toutes celles du royaume. Velasquez fait le portrait du roi, Quevedo ose faire le portrait des mœurs nationales avant Goya. Velasquez est payé lentement, le compte de Quevedo est réglé tout de suite.

Au siège de Lerida, Velasquez est chargé de donner pour conclusion le Philippe IV en grand apparat. bardé de fer.

VELASQUEZ.

Le Comte-duc d'Olivarès (fragment).

VELASQUEZ   LE COMTE-DUC D'OLIVARÉS

C'est encore un cavalier, aussi beau que les autres. Du personnage ennuyé qui vient somnoler dans son atelier, Velasquez a tiré, d'un coup de son pinceau enchanté, ce chef-d'œuvre décoratif en bottes molles qui moulent si extraordinairement la jambe et le pied, en culotte de velours brodé, en cuirasse d'acier noir doré, barrée d'une écharpe d'un rouge rose, la tête coiffée d'un grand chapeau à plumes. Et il l'a fait, non seulement costumé, mais vivant, le profil grave, l'œil ouvert, la bouche fermée, la lèvre et le menton ombrés de la moustache et de la barbiche, une boucle de cheveux autour de l'oreille. Le pelage du cheval est de soie douce et brillante. Le ciel est blanc et bleu, un peu verdâtre.

Il y a un autre *Philippe IV*, debout, en armure, qui est seulement attribué à Velasquez, et avec juste raison. Le visage n'a pas le caractère de simplicité et de vérité auquel nous voici habitués. L'armure seule est belle, sombre, semée de clous d'or. De même, sont plus que douteux le *Philippe IV* et la *Reine Marianne en prières*. Mais, en revanche, le *Philippe IV*, dernier en date, le Philippe IV déjà âgé, fatigué, apparaît avec toutes ses caractéristiques : la maigre moustache en croc, les longs cheveux blonds, la bouche épaisse et rouge, les gros yeux bleus, le front haut et étroit.

On charge aussi Velasquez d'un travail de réfection et de retouche, trois portraits commandés pour la décoration du Buen-Retiro : Philippe III, Marguerite d'Autriche sa femme, Isabelle de Bourbon, première femme de Philippe IV. Velasquez n'a pas vu les personnages et l'on croit à une collaboration pour ces portraits, mais Velasquez les a refaits et l'on retrouve, en effet, dans les formes le sens des proportions, dans la couleur les harmonies qui sont à lui. Il y a des merveilles dans le tissage pictural des costumes, et c'est une des plus belles bêtes dressées par Velasquez que le cheval blanc, à l'œil de velours noir, que monte Isabelle de Bourbon. On a remarqué la petitesse de la tête d'Isabelle, comme plus tard, celle du vaincu de Breda. L'influence des études d'après l'antique se marque dans cette particularité, de même que dans la plupart des chevaux que l'artiste a mis dans ses tableaux, nobles bêtes espagnoles qui suivent au galop le défilé des métopes du Parthénon.

Une surprise! Le roi a découvert un moyen de se distraire. Il autorise son peintre à faire monter sur la table à modèle les nains, les bouffons, les infirmes, les idiots qu'il traîne à sa suite. Ils vont surgir là comme Quasimodo sur le pavoi, le jour de la fête des Fous.

El Primo débute. Puis viennent l'Enfant de Vallecas, le Fou de Coria, Sebastien de Morra, Pablillo de Valladolid, Pernia ou Barberousse, Juan de Austria, Antonio el Inglès. Il n'y a pas de monotonie dans cette série admirable. Le regard acéré et droit de Velasquez, son esprit savant de la vie, ont vu et compris tout de suite les variétés de tares et de tristesses qu'il avait devant lui. Il a distingué, avec une décision sans erreur, avec un sentiment profond du particulier et de la nuance, ce qu'étaient les malheureux qui posaient devant lui, et ce qu'ils auraient pu être. Il a non seulement représenté l'irrémédiable de la fatalité, la déchéance physique des uns, mais aussi la part de malice, de comédie, de philosophie même, qui se trouve dans le rôle des autres. Sous son grand chapeau, vêtu de son costume noir, le nain El Primo, avec son grand front, ses yeux mélancoliques, son goût des livres de l'écritoire et du grimoire, semble avoir du savant maniaque, mais le sérieux et le futile se partagent sa physionomie; déjà l'intelligence vacille dans ses prunelles; son nez, sa grande bouche, le bas de son visage font de lui un animal triste; ses jolies mains délicates sont contournées et impuissantes, s'arrêtent de feuilleter les pages de l'in-folio en une pose d'une justesse surprenante. Le pauve *Enfant de Vallecas* est d'une observation plus simple: assis en avant d'un paysage, vêtu de drap vert d'une

VELASQUEZ   L'ENFANT DE VALLECAS

Velasquez.   *Philippe IV* (fragment).

souplesse, d'un molletoneux étonnants, un jeu de cartes dans ses mains, les yeux mi-clos, ou plutôt mal ouverts dans sa chair maladive, la bouche ouverte le front déformé, les jambes et les pieds enflés, c'est l'idiot qui rampe, sautille, chantonne, balance la tête, par les couloirs, et les cours du palais. Le *Fou de Coria*, en costume vert olive, en grande collerette et poignets de dentelle, est aussi déserté par l'intelligence. Il regarde le peintre de ses yeux louches, il rit, se frotte les mains. Velasquez aussi le regarde et le voit. Un quatrième, *Sebastien de Morra*, bariolé de vêtements, assis par terre, ses courtes jambes en raccourci, montrant ses semelles, pose devant le peintre en l'observant d'un regard fixe. Il a le front bas, le nez de travers, la moustache en croc, la barbe étalée, les poings fermés appuyés sur sa ceinture, l'air dur et obtus. Il est fort, râblé, musclé. A-t-il envie de bondir sur ce beau cavalier qui est debout devant lui? Ou bien une pensée fugitive traverse-t-elle son cerveau dormant, se demande-t-il ce que fait celui-là?... Rassurons-nous, le voilà bien tranquille, immobile pour l'éternité.

Ceux-ci ne sont plus des fous, des idiots, des nains. Place à l'*Hombre de Placer*, l'homme de plaisir, celui qui est chargé de distraire le monarque! *Pablillos de Valladolid*, c'est l'acteur, admirablement campé, prenant toute la scène de son enjambée et de son geste. Il s'acquitte bien de sa tâche, mais il a hâte d'avoir fini sa déclamation pour aller boire bouteille, ses petits yeux endormis, son nez en trognon, sa bouche molle et humide le disent à qui veut l'entendre. *Pernia, dit Barberousse*, coiffé d'un bonnet bizarre, son manteau sur l'épaule, l'épée à la main, prend mieux au sérieux l'histoire qu'il raconte: Barbarroja fait bien son métier, et n'est pas si terrible qu'il en a l'air. Mais voici le plus touchant, celui que la moquerie a nommé *Don Juan d'Autriche*, quelque vieux soldat devenu innocent. Autour de lui, cuirasse, casque, mousquet, boulets. Il est vieux, appuyé d'une

VELASQUEZ   LE BOUFFON D. JUAN D'AUTRICHE

Marguerite d'Autriche, femme de Philippe III (fragment).

8

main sur sa haute canne, de l'autre sur la garde d'un poignard. Il se soutient à peine sur ses jambes osseuses, mais il est bien habillé, d'un justaucorps noir à manches bouillonnées, d'un court manteau doublé de satin, d'une culotte bouffante, de bas et de souliers à flots de rubans. Ses vêtements sont défraîchis, usés, mais sont de rose et de vermillon, et il a un beau toquet à plumes sur la tête. Il est soumis, indifférent, demi-souriant : vieux pître pensif, il ne rit que quand il est de service. C'est un vieux soldat qui a lu Cervantes, c'est un fier Espagnol en servitude. Il est encore un des plus intéressants de la série, un des plus significatifs, par le charme de l'ébauche, la décision de l'attaque picturale. Par lui, on voit le «métier» de Velasquez, sa sûreté de main, sa magie de tout montrer, de tout évoquer, avec presque rien, un ton qui est une forme, une forme qui est enveloppée d'atmosphère.

Encore un nain, le plus extraordinaire, le plus terrible, *D. Antonio el Inglès.*

Celui-là, Velasquez l'a traité comme un roi. Il a couvert son vêtement de broderies d'argent, il lui a mis en main un feutre empanaché de plumes blanches qui balaient le sol, il a répandu sa longue chevelure, sur une superbe collerette empesée, et mis à son côté une épée aussi grande que lui. Au-dessus de la collerette, frémit une petite tête congestionnée qui fait songer à un insecte rageur, aux yeux furibonds, à la bouche avide de mordre. Mais Antonio, le jour où le peintre du roi fait son portrait, est heureux de tenir par le collier la grande chienne noire tachetée de blanc. La bonne bête, qui ne ferait qu'une bouchée du nain glorieux, reste bien tranquille auprès du petit bonhomme.

Au fond, il y a peut-être quelque chose de plus que la curiosité d'un désœuvré dans le goût de Philippe IV pour les nains et les monstres, peut-être une obscure sympathie. Ces bouffons empanachés, juchés sur la table à modèle, sont-ils vraiment plus bouffons

VELASQUEZ   LE NAIN D. ANTONIO EL INGLÉS

Isabelle de Bourbon, première femme de Philippe IV (fragment).

que ce roi sur son trône? Leurs descendants, s'ils en ont, pourront-ils descendre, degré par degré, à l'abjection d'un Charles IV. Ils veulent bien sauter, grimacer, sous le fouet d'un maître auguste, ils ne feraient pas de pirouettes sur l'injonction d'un simple goujat. Or, Charles IV, bientôt, se laissera dresser, redresser, domestiquer par Manuel Godoï, l'amant affiché de sa femme.

C'est probablement en 1647 que Velasquez exécute la grande composition de la Reddition de Breda, *Les Lances,* tableau tellement typique et définitif qu'il semble impossible de concevoir autrement la scène : la capitulation d'une place quelconque. On croit que c'est le héros lui-même, le marquis de Spinola, qui documenta le peintre. Celui-ci a écouté et résumé avec une incomparable maîtrise. Il écrit le glorieux épisode comme s'il en avait été le témoin, scelle sa déposition de son sceau, nous dit que c'est la vérité, toute la vérité, rien que la vérité. C'est aussi l'art qui comprend, qui coordonne.

Un immense paysage, verdâtre, bleuâtre, doré. Tout l'air de l'espace, toute la beauté de la lumière, toute la grâce des nuages qui errent lentement au dessus de la terre épanouie. Des fumées se mêlent à ces nuages, des fumées noires où scintillent des flammes. Des gens vont et viennent, assiègent des remparts. C'est la guerre qui a envahi ce paradis terrestre. Une ville brûle. Des soldats se fusillent. Et ce n'est pas pour une fête de la nature que sont rassemblés, au premier plan, ces gens paisibles. Ils procèdent à l'épisode final : le gouverneur de Breda apporte la clef de la place qu'il a défendue au général espagnol qui est son vainqueur. A droite, derrière leur chef, le marquis Ambrosio de Spinola, gênois au service de l'Espagne, ce sont les victorieux, l'état-major, officiers aux têtes découvertes, physionomies graves, attitudes respectueuses, soldats coiffés de feutres, porteurs de drapeaux, de mousquets, armés des lances qui ont donné son titre à

VELASQUEZ   ISABELLE DE BOURBON

Le Cheval d'Isabelle de Bourbon (fragment).

l'œuvre, lances que l'on croit voir bouger, les unes droites, les autres obliques, et à travers lesquelles l'air joue, le paysage s'aperçoit. A droite encore, occupant un tiers de la largeur du tableau, le cheval de Spinola, alezan foncé, à la croupe luisante comme un tissu précieux. Près de ce cheval, le tenant probablement par la bride, un officier vêtu de gris, belle figure où se lisent la fierté et l'intelligence, et où l'on n'a aucune peine à reconnaître Velasquez. A gauche, derrière le prince Justin de Nassau, ce sont les Hollandais porteurs de guidons et de hallebardes, groupe solide et vaillant, aux rudes costumes. Le cheval du prince de Nassau joue aussi son rôle dans ce groupe, sa tête brune rayée d'une bande blanche apparaît, il semble voir et écouter. Pour les deux rôles principaux, ils sont tenus avec une perfection sans égale. Spinola, fin, gracieux, dans son armure noire et brillante, chaussé de bottes fines, se penche vers le vaincu, le prend

Le Fou de Coria.

VELASQUEZ   LES FILEUSES

par l'épaule d'un geste de camarade. Il lui parle, on l'entend, il lui dit son estime, il le console. Nassau, vêtu de gros drap rayé, chaussé de fortes bottes, s'incline, mais la tête levée. Il a fait son devoir, il est heureux de trouver en face de lui un courtois vainqueur, qui rend hommage à ceux qui ont défendu leur pays, soutenu un siège pendant dix mois. S'il savait l'avenir, il se consolerait davantage, mais peut-être cet

VELASQUEZ.　　　　　*D. Sebastien de Morra.*

avenir est-il prévu par tous deux, Nassau et Spinola. Les Espagnols prennent Breda en 1625, les Hollandais reprendront leur ville en 1637. Velasquez a fait ici son noble chef-d'œuvre. On pénètre plus profondément dans ce mystérieux esprit, cette intelligence douce, forte, humaine, qui sait comprendre et exprimer la grâce modeste du vainqueur, la fierté civique du vaincu. Il peint les *Lances* en 1647, dix ans après la reprise de Breda par la Hollande. Il a pu songer aux lendemains des victoires, aux revanches de la fortune. Cette philosophie se lit au visage nuancé et sceptique de Spinola.

A ce moment le grand artiste, nommé inspecteur des bâtiments, accablé de besognes, obtient un second congé, repart pour l'Italie. Il est encore en fonctions, il s'agit d'un voyage d'achats. Il s'embarque à Malaga avec don Emmanuel de Cardenas, ambassadeur extraordinaire auprès du pape Innocent X. Il traverse Gênes, Milan, Padoue, Venise, Bologne, Modène, Parme, Florence, Rome. Il pousse jusqu'à Naples, où il doit toucher des subsides chez le comte d'Onate. Il a embauché, en passant à Bologne, deux stucateurs fresquistes fort habiles, Colonna et Metelli, qui bientôt, sous sa direction, travailleront à la décoration de l'Alcazar. A Rome, où il revient après son séjour à Naples, il peint le portrait d'Innocent X. Après avoir fait en Italie de nombreux achats, tableaux de Véronèse, du Tintoret, de Claude Lorrain, du Poussin (il se lie avec ces deux derniers à Rome) il revient, débarque à Barcelone en 1651.

Il monte encore en grade, est nommé maréchal-fourrier du Palais. On lui «promet»

VELASQUEZ. *Pablillos de Valladolid.*

VELASQUEZ   LE SCULPTEUR MARTINEZ MONTANÉS

des appointements élevés. Que de temps précieux vont lui prendre ses fonctions et ses stations dans l'antichambre du payeur!

Velasquez est à l'apogée de son génie, il a la tête pleine de chefs-d'œuvre, mais les tableaux ne se font pas comme le sonnet d'Oronte. Le temps fait quelque chose à l'affaire. Voici les *Fileuses*, ouvrières de la fabrique de tapisseries de Santa Isabel de Madrid. Au fond, dans la plus pure et la plus glorieuse lumière, qui envahit une salle voûtée, une tapisserie est suspendue, où s'aperçoivent un guerrier, une femme aux nobles gestes, des amours envolés. Des dames, une dame bleue, une

VELASQUEZ.　　　*Pernia, dit Barberousse.*

dame rouge. une dame marron, visitent, regardent, et l'harmonie de leurs costumes est en délicieux accord avec la coloration du ciel et des personnages de la tapisserie. Cette apparition est lointaine, comme sur la scène d'un théâtre. En avant, dans une salle basse presque obscure, que le jour traverse obliquement, les fileuses demi-nues, travaillent, tournent les rouets, les métiers, tissent la laine, dévident les écheveaux. L'une, au milieu, est tout à fait dans l'ombre, ramasse sur le sol des bribes de laine parmi lesquelles un chat sommeille. Celle qui tient la quenouille allonge sa jambe nue auprès de son rouet, elle est à moitié dans la lumière, à moitié dans l'ombre: son visage est sombre, sa jambe est lumineuse. Celle qui se penche vers elle en écartant un rideau a le visage et les bras éclairés d'une lumière légère. Celle qui tourne les écheveaux et que l'on voit de dos, de profil perdu, est éclairée vivement sur la joue, la nuque, le dos, les pieds, le bras tendu, le sein qui tombe hors de la chemisette. La même lumière éclaire sa compagne, penchée vers elle, sur le seuil d'une petite porte. La tableau n'est pas terminé, mais il est complet de mouvements, d'harmonie, de jeux clairs et obscurs. Il est admirablement significatif encore du goût de Velasquez pour la vie instinctive, pour les apparitions subites des êtres pris en pleine vérité, en pleine nature. Ce chaud atelier de fileuses, ces filles souples occupées aux besognes journalières d'où naîtront des chefs-d'œuvre de luxe, c'est l'indication de ce que Velasquez aurait fait s'il avait été libre. Il aurait pu être un grand historien des mœurs, il lui faut se résigner à être un grand historien de la cour morose où il est gardé à vue, il doit peindre et repeindre sans cesse Philippe IV, ses femmes, ses enfants, ses frères, ses bouffons. Il n'a pas le temps de terminer ses *Fileuses* dont il ferait une toile rembranesque si on ne le sonnait... Il lui faut retourner à ses besognes.

Voici le *Couronnement de la Vierge,* commandé par la reine pour son oratoire. Cette royale personne va bientôt se prosterner devant les deux braves charpentiers qui se penchent sur leur échafaudage pour apercevoir une belle dame. Celle-ci, par contre, est délicieuse de maintien, de charme pur, loin des fadeurs religieuses dont l'art espagnol abusera plus que de raison.

Le portrait du sculpteur Martinez Montanez fait penser à Antonis Mor, suggère l'idée de l'artiste perspicace, sérieux, attentif à voir, savant à exprimer.

VELASQUEZ

LA REDDITION DE BREDA (les Lances)

VELASQUEZ. *Les Lances* (fragment).

68

Saint Antoine visitant Saint Paul, connu sous le titre des *Deux Ermites,* est un tableau qui dépasse le sentiment religieux, qui va

Le Couronnement de la Vierge.

jusqu'à l'émotion d'un Dürer ou d'un Rembrandt. L'artiste a été pris lui-même par la superbe mélancolie du paysage qu'il vient de créer au bout de sa brosse, un lointain de montagnes, un arbre d'écorce blanche, de feuillage léger, qui palpite sur le ciel lumineux bleu et argent, un immense rocher surplombant la route et la rivière. Au loin, on aperçoit, comme dans les tableaux à compartiments des Primitifs, les divers épisodes de la légende, jusqu'à l'enterrement de l'ermite par le lion qui creuse le sable. L'épisode principal est au premier plan : l'étonnement, le ravissement, la reconnaissance des deux religieux à la vue du corbeau qui leur apporte un pain, un de

VELASQUEZ

SAINT ANTOINE VISITANT SAINT PAUL

ces pains ronds, de croûte fine, de mie si blanche, comme on en voit dans les natures mortes de Menandez, et comme on en mange encore à Madrid. Les physionomies, les mains des deux vieillards, sont d'expression admirable.

L'*Infante Marguerite* est au Louvre, l'*Infant Philippe Prosper* est à Vienne. De la série mythologique pour la décoration de l'Alcazar, exécutée avec Metelli, Colonna, Carreno de Miranda, il ne reste que les épaves de l'incendie de 1734: au Prado, *Mars*, rose académie de modèle casqué, le hausse-col et la rondache à ses pieds; *Mercure et Argus*, le dieu qui rampe auprès du gardien endormi et de la génisse paisible; la *Vénus au miroir* est à Londres. Vénus

VELASQUEZ.   *Le Dieu Mars.*

a bien fait d'aller cacher sa nudité ailleurs. Le sol de l'Espagne, où braisillent toujours les tisons de l'Inquisition, aurait brûlé ses pieds blancs, sinon le reste. On ne connaît pas d'autre figure de femme nue dans la peinture espagnole. Il faudra attendre Goya,

Mercure et Argus.

qui ose tout, pour avoir un second exemplaire de cette curiosité.

En 1656, les *Menines,* le chef-d'œuvre singulier de Velasquez comme la *Ronde de nuit* (de 1642), est le chef-d'œuvre de Rembrandt. J'entends ici l'œuvre où il y a le plus de réalité et le plus de rêve.

C'est le portrait, au centre, de l'Infante Marguerite, entre ses Menines, dona Maria Agustina Sarmiento et dona Isabelle de Velasco, auprès de son nain Nicolasito Pertusato, de sa naine Maria Barbola, de son chien dont l'Histoire n'a pas conservé le nom. Au second plan, la duègne d'honneur, dona Marcela de Ulloa, un écuyer, et au fond, dans l'embrasure d'une porte, l'Aposentador de la Reine, Jose Nieto. Tous ces personnages sont rassemblés dans une vaste pièce. Velasquez est présent. Il est debout, devant une immense toile dont on voit l'envers, il a les brosses et la palette en mains. Que peint-il? Le roi et la reine que l'on aperçoit dans un miroir, derrière lui. Nous sommes dans l'atelier de Velasquez, vaste salle au fond sombre éclairé par l'ouverture de la porte qui laisse apercevoir Jose Nieto. Ce battant de porte, en bois creusé de carrés, reçoit

VELASQUEZ

LES MENINES

VELASQUEZ.

La naine Maria Barbola (fragment des Menines).

la lumière qui vient d'une fenêtre devinée à droite. Le premier plan où sont les personnages prend le jour d'une autre fenêtre que l'on voit mieux, au premier plan à droite. La lumière modèle puissamment et finement le petit page Nicolasito, le gros chien paisible avec lequel il joue, la duègne en costume de veuve, la laideur sculpturale de Maria Barbola, enfin le groupe des Menines et de l'Infante. Ce trio d'une vérité si simple est fantastiquement beau. Les Ménines aux cheveux enrubannés et fleuris, l'une debout faisant la révérence à l'Infante, l'autre agenouillée, lui offrant à boire, sont vêtues de costumes colorés, de robes d'un vert sombre ornées de ganses et de broderies. L'Infante, elle, est en robe claire, d'étoffe épaisse, raidie, qui absorbe et renvoie la lumière. Cette lumière monte au corsage où s'agrafe un bouquet, au col, au visage pâle, aux cheveux blonds, si fins, de soie floche tissée avec du soleil. L'apparition est aussi extraordinaire que celle de la petite fille au coq blanc de la *Ronde de nuit,* quoique tout, ici, se passe dans la clarté, dans une atmosphère limpide qui continue l'atmosphère du dehors: «Où donc est le tableau?» demandait Théophile Gautier. Ce n'est pas un tableau, c'est la vie prolongée. On ne regarde pas sans émotion l'artiste d'une telle œuvre: il est là, en effet, à son travail, il montre son visage austère, triste, vieilli. Nous sommes en 1656. Depuis 1623, Velasquez n'a pas quitté l'Alcazar. Depuis trente ans, si l'on défalque du temps écoulé les deux voyages en Italie, le grand artiste a été le prisonnier, l'enfermé de la monarchie espagnole. Ces trente années-là sont inscrites sur son fier et douloureux visage.

Il peint encore l'Infante Marie-Thérèse, celle qui deviendra reine de France, la reine de Louis XIV. On croit, du moins, sans en être autrement sûr, qu'il s'agit d'elle, et c'est infiniment probable. Sans doute c'est son dernier chef-d'œuvre que cette princesse blonde, aux joues rondes, au col fin, assise, raide comme une

VELASQUEZ

L'INFANTE MARGUERITE
(Fragment des *Ménines*)

L'Infante Marie-Thérèse.

10

idole, tenant d'une main un immense mouchoir de mousseline transparente, de l'autre une rose. Son visage pâle, fardé aux joues, éclairé par les yeux et la bouche, ses mains délicates aux doigts bagués, sont des merveilles, sa robe en est une autre, robe de drap d'argent rayé de rouge, le corsage brillant d'une broche et d'un collier en sautoir qui semble un serpent brun et doré. Sans fracas, sans trompe-l'œil, par la seule ambiance, le seul contact des couleurs avec l'atmosphère, Velasquez réalise la vérité des chairs et des costumes.

Mais c'est assez de chefs-d'œuvre... Philippe IV mande une dernière fois son «Aposentador» et l'envoie mourir de fatigue. Velasquez, surmené par l'organisation des fêtes de l'Ile des Faisans, pour le mariage de Marie-Thérèse avec Louis XIV, succombe à la tâche. Il rentre à Madrid, s'alite et meurt. Sa femme lui survit quelques jours. S'il y avait eu une marquise de Sévigné espagnole, elle aurait consacré quelque lignes à cet évènement de cour, comme l'autre à la mort de ce pauvre Vatel.

V. — CARRENO DE MIRANDA. — CABEZALERO. — MATEO CEREZO. — JUAN RIZI. — FRANCISCO RIZI. — MARTINEZ DEL MAZO. — JUAN DE PAREJA. — ALONSO CANO. — PEDRO DE MOYA.

Velasquez a laissé des élèves, et il y a eu aussi des artistes que l'on peut qualifier ses descendants. Carreno de Miranda (1614—1685) né à Avila, a étudié chez Las Cuevas et B. Roman, mais son œuvre porte l'empreinte du maître qui a deviné son talent alors qu'il végétait dans un petit emploi judiciaire. Il travaille longtemps à la décoration de l'Alcazar. En 1669, sous Philippe V, il est nommé peintre du roi. Le pauvre Charles II l'honore aussi de son amitié et Carreno arrive à temps pour peindre encore debout le dernier représentant de la Maison d'Autriche, type de fin de race qui s'affaisse et va s'écrouler. Il y a un de ses portraits de Charles II au Prado.

VELASQUEZ

L'INFANTE MARIE-THÉRÈSE D'AUTRICHE

MARTINEZ DEL MAZO.   *Vue de Saragosse.*

Avec le portrait de Charles II, se voient aussi ceux de Marianne d'Autriche, seconde femme de Philippe IV, de Potemkin, ambassadeur de la Moscovie, de Francisco Bazan, bouffon de Charles II, d'une énorme Naine à la robe rouge fleurie. Tous ces portraits révèlent en Carreno un observateur et un peintre.

Juan Martin Cabezalero, né à Amalden, province de Cordoue, en 1638, mort à Madrid en 1673, est un élève de Carreno de Miranda. Il a au Prado un *Christ présentant un néophyte à saint François.*

Mateo Cerezo (1635—1675) né à Burgos, a aussi pour maître Carreno, mais sa tendance vénitienne est très marquée dans le *Mariage de Sainte Catherine*, dans *l'Ascension.*

Juan Rizi (1595—1675), né à Madrid, élève de Mayno, embrasse la vie religieuse, devient frère Juan, fait le voyage de Rome pour aller visiter les musées et chercher des indulgences, meurt au Mont-Cassin en 1675. Un *Saint François d'Assise* recevant les stigmates est au Prado.

De Francisco Rizi (1608—1685), il y a au Musée un tableau plus significatif: l'*Autodafé* du 30 Juin 1660, sur la Plaza Mayor.

Juan Bautista Martinez del Mazo, né à Madrid, on ne sait en quelle année, mort en 1667, épouse la fille de son maître Velasquez et lui succède dans la charge de peintre de la chambre. C'est un bon portraitiste de *Philippe IV vêtu de noir*, la Toison d'or au col, de *Marianne d'Autriche*, en veuve, avec ses deux enfants et une camerara, de *Tiburcio de Redin y Cruzat*, maître de camp de l'infanterie espagnole au temps de Philippe IV.

Mazo a fait un grand nombre de vues de villes et de ports. C'est, avec Collantes, l'un des rares paysagistes espagnols. L'une de ces vues de ville est célèbre: *Saragosse*, où les personnages qui animent les rives de l'Ebre ont été peints par Velasquez.

Juan de Pareja, né à Séville en 1606, mort à Madrid en 1670, fut esclave d'abord, puis élève de Velasquez, affranchi par celui-ci découvrant un peintre en son serviteur. Personne n'affranchit Velasquez! Pareja, lui, grâce à son humble extraction, échappe au service royal. Il peint des tableaux d'histoire religieuse et des portraits. Sa *Vocation de Saint Mathieu* est la preuve qu'il y avait en lui un peintre.

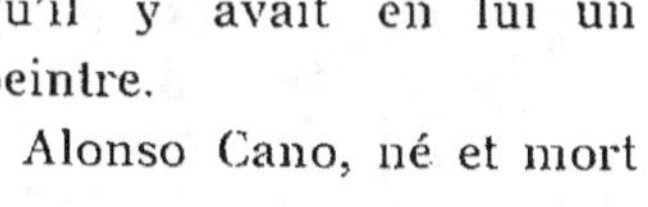

Alonso Cano, né et mort

ALONSO CANO   JÉSUS MORT

à Grenade (1601—1677), est élève de Herrera, de Pacheco, de Juan de Castillo. Il y a un contraste singulier entre l'homme et l'œuvre. Œuvre essentiellement pondérée, réfléchie, — vie pleine d'épisodes tragiques. Foi robuste et simple, horreur des doctrines et des pratiques des ministres du culte. De sourds grondements, des bouffées de fumée âcre qui montent dans le ciel orageux, annoncent l'explosion prochaine, la mitraille de pierres brûlantes, les torrents de lave de Goya. Alonso Cano, qui est un cavalier correct et grave, qui sort de l'atelier de Pacheco,

Alonso Cano. *La Vierge adorant son fils.*

qui sera bientôt le maître de dessin de l'infant Baltasar Carlos, débute dans l'existence par un duel avec le peintre Llano y Valdès. Il a la chance de ne pas le tuer tout à fait.

Une autre aventure trouble bientôt sa vie. Sa femme est assassinée, par un Italien, dit-on. Par son époux outragé, dit la rumeur publique. On connaît cette musique, Beaumarchais l'a notée : «D'abord un bruit léger, rasant le sol, comme hirondelle avant l'orage, pianissimo... Puis la calomnie s'élance, étend son vol, tourbillonne, enveloppe, arrache, éclate et tonne...» Le travail est achevé. Alonso est arrêté, soumis à la question. D'autres disent qu'il s'échappa et trouva un refuge dans le couvent de Porta Cœli. Jean Bermudez et Palomino luttent encore une fois, comme lorsqu'il s'est agi de tirer au clair les sombres histoires de Ribera.

On comprend qu'après cette alerte, si la foi de Cano dans la justice divine n'est pas ébranlée, sa haine contre ses noirs ministres se renforce et se consolide. Cependant il faut que l'artiste fasse son œuvre, qu'il trouve, dans ce milieu de ténèbres effarantes, un abri calme, doucement éclairé, sûr. Il consent à recevoir les ordres mineurs de l'archevêque de Salamanque.

L'œuvre d'Alonso Cano est considérable. Les musées de Munich, de Dresde, de Saint-Pétersbourg en possèdent de notables échantillons. D'un geste presque aussi beau que celui de l'archevêque de Salamanque, le maréchal Soult donne à quelques-unes des œuvres de Cano un refuge dans la paix de ses fourgons. La musée de Madrid possède neuf tableaux du maître, entre autres le *Christ à la colonne, Saint Jean écrivant l'Apocalypse, Saint Benoît*, un *Christ défunt*, la *Vierge adorant son fils*.

La figure de *Saint Benoît*, en buste, les mains croisées sur la poitrine, en contemplation devant le ciel ouvert, est une ordinaire figure de piété. La *Vierge adorant son fils* est conçue dans le même sentiment paisible et gracieux que les madones de Murillo. Le *Christ défunt*, soutenu par un ange, est un tableau savant et expressif, une belle académie souple en pleine lumière, pendant que l'ange aux ailes déployées est à demi plongé dans les ténèbres.

Alonso Cano fut sculpteur en même temps que peintre. Son *François d'Assise*, que j'ai vu à la cathédrale de Tolède, est un précieux objet, une œuvre menue et finie, qui doit sa célébrité à son expression d'ascétisme et d'extase. Alonso Cano est donc un artiste complet à la manière des maîtres de la Renaissance italienne. Il a exécuté des travaux importants à Grenade, où son

MURILLO   LA CONCEPTION

influence vivifiante se prolongera pendant près d'un demi-siècle dans l'atelier qu'il a fondé.

Avant d'arriver à Murillo, il convient de faire une place à Pedro de Moya (1610—1666), élève de Juan del Castillo, malgré la médiocrité des six tableaux de son *Histoire de Joseph*. On a pu remarquer que les peintres espagnols voyageaient peu. Un petit nombre d'entre eux font le pélérinage à la Mecque: le voyage en Italie. Pedro de Moya, plus hardi que les autres, s'arme en guerre, le mousquet à l'épaule, la longue rapière au flanc, part pour les Pays-Bas. Coups de fusils, coups de pinceaux. Il passe en Angleterre, où Van Dyck le reçoit dans son atelier. Il arrive juste à temps pour recueillir les dernières leçons du Flamand.

Van Dyck meurt à quarante ans, Moya rentre à Séville avec ses études qu'il montre à Murillo. Celui-ci, averti ainsi d'un art insoupçonné, est sur le point de partir à son tour, en conquista-dor, les regards et les mains tendus vers le ciel inconnu et les étoiles nouvelles.

VI. — MURILLO. — MIGUEL DE TOBAR. — LLORENTE. — FRANCISCO DE HERRERA. — VALDÈS LEAL. — CLAUDIO COËLLO.

Barthélemy Esteban Murillo naît en 1618, à Séville, ou dans les environs, à Pilar. Belle vie d'artiste qui commence par dix années de misère et se termine brusquement par un accident en plein labeur. La pauvreté n'a point effrayé Murillo au début de sa carrière. Plus tard, entrant dans la cage de Velasquez, voyant quels misérables soucis dévorent le grand homme «triste comme un lion rongé par la vermine», il jure qu'aucune main gantée de velours ne se posera sur son épaule, qu'aucune chaîne, fût-elle en or massif, ne lui sera passée au cou, qu'aucun homme, si haut qu'il soit, n'aura la clef de son atelier. Il se retire avec deux fortes leçons: l'œuvre de Velasquez et sa vie.

Murillo, orphelin à dix-huit ans, pauvre, sous la direction d'un tuteur intelligent, le chirurgien Lagarès, laissé libre de suivre sa

vocation, est placé dans l'atelier de Juan del Castillo, d'où sont sortis Moya et Alonso Cano. Malheureusement, Castillo quitte Séville, part pour Cadix. Murillo reste sur le pavé avec son apprentissage à faire et son pain à chercher. Il est parfois difficile pour un artiste de vivre de son métier, il est plus malaisé encore de tirer sa subsistance d'un métier qu'on ne possède pas encore. Avec les quelques réaux qu'il a en poche, le jeune artiste a tout juste de quoi acheter très peu de couleurs et pas beaucoup de pain. Il bâcle son premier tableau, se drape dans sa cape, enfonce son feutre, porte sa marchandise à la Féria. C'est quelque chose comme la «trôle» de notre faubourg Saint-Antoine, à Paris. C'est là que les amateurs, les désœuvrés, les brocanteurs viennent chercher dans le tas, du bout des cils ou du bout de la canne, une occasion, un chef-

MURILLO   L'ENFANT JÉSUS BERGER

d'œuvre égaré. C'est là aussi que les artistes besogneux rêvent de découvrir dans le tas humain un objet rare, l'homme qui achète et paie. Murillo, lui, trouve mieux qu'un acheteur: un entrepreneur qui prend toute sa production en gros, au rabais bien entendu. C'est un de ces hommes qui savent tout acheter et tout vendre.

Lorsque Murillo revoit Pedro de Moya revenu d'Angleterre avec ses copies d'après Van Dyck et Rubens, il est transporté d'admiration, prend un grand parti, bâcle quelques douzaines de petits «bons dieux» et décide crânement de faire, sans mousquet, le voyage des Flandres. La légèreté de son pécule et la gravité accueillante de Velasquez l'arrêtent à Madrid. Le maître met le jeune artiste à même de travailler au Buen-Retiro, à l'Alcazar. Il le guide pendant dix ans,

MURILLO.   *L'Annonciation.*

lui fait copier les grands Vénitiens, les grands Flamands, le laisse étudier les Velasquez. C'est l'enseignement complet. Murillo peut tenter demain l'*Assomption*, et après-demain le *Pouilleux*. En 1645, l'artiste revient à Séville. Ce n'est plus un apprenti, c'est un maître-ouvrier, il ne lui reste plus qu'à méditer son «chef-d'œuvre». Il ne s'en tiendra pas à un seul. Dans ses années de misère, il a appris à travailler vite. Une commande de onze tableaux pour les Franciscains ne l'effraie pas. La *Cuisine des Anges* du Louvre fait partie

11

de cette série. Un autre tableau, *San Diego de Alcala avec les pauvres*, trouvera sa vraie place à San Fernando.

Herrera, Ribera, Théotocopuli!... Ces trois noms grondent, roulent, éclatent, foudroient. Le nom du doux Murillo fait l'effet

MURILLO.   *Jésus et saint Jean.*

d'un roucoulement de colombe après la tempête. Son œuvre sourit, chante et chatoie voluptueusement. C'est le Directoire en goguette après la Terreur noire. Sur les derniers tisons des bûchers, le peintre jette des pastilles embaumées. A la place où grimaçaient les damnés, dans les dernières bouffées de fumée rousse, on voit de

MURILLO   LA VIERGE AU ROSAIRE

petits anges, ou de petits amours, cravatés d'ailes, qui se réjouissent. Les successeurs de Torquemada commencent à être embarrassés de leurs mains noircies de fumée et poissées de sang. Sainte Catherine cherche un miroir pour ajuster son bonnet. Sainte Thérèse se pâme au bruit lointain d'une sérénade céleste. Murillo prend l'Espagne malade en fin de crise, il la calme, l'égaie, sait l'asseoir, délicieuse convalescente, sur un lit de roses, tandis que discrètement il fait disparaître les chevalets, les tenailles, les instruments de torture encore chauds et rouges.

Cependant, pour ne pas s'assoupir lui-même au murmure de sa valse lente, il plaque de temps en temps quelques mâles accords. Il sonne un ban à Velasquez, se lève et va peindre le *Pouilleux* qui est au Louvre, le *Paysan buvant*, qui est à Londres, la *Galicienne à la monnaie*, la *Vieille femme filant*, qui sont au Prado.

MURILLO.   *Saint François (La Porciuncula).*

Le Prado possède encore une suite de compositions religieuses de Murillo: l'*Enfant prodigue*, l'*Adoration des Bergers*, la *Vision de saint Bernard*, *Saint Ildefonse recevant des mains de la Vierge la chasuble miraculeuse*, la *Sainte Famille à l'oiseau*, l'*Enfant Jésus berger*, la *Vierge au rosaire*, *Sainte Elisabeth de Hongrie*. Au Prado encore, le *Père Cavanillas*, et le *Jubilé de la Porciuncula* qui faisait partie d'un ensemble de vingt toiles commandées pour la décoration du couvent des Capucins à Séville.

84

Certes, après examen, et toutes réflexions faites, Murillo est un artiste. Il a une habile manœuvre du pinceau, la souplesse du modelé, le don de peindre la chair, l'harmonie des colorations. Il sait grouper des personnages, faire s'envoler sur les nuages les angelots qui ressemblent à des amours, enrouler des écharpes

MURILLO.   *Saint Bernard.*

autour des Vierges en ascension et dénouer leurs chevelures, leur donner les charmantes couleurs de la jeune fille ou les chairs épanouies de la femme, effiler leurs doigts, extasier leurs regards à la minute sacrée de la Conception. Il sait composer des scènes comme celle de l'*Annonciation*, où l'ange respectueux s'agenouille devant Marie obéissante. Il sait installer un groupe tel que celui de la *Vierge au Rosaire*, qui est peut-être son chef-d'œuvre de peintre de la maternité.

Il n'ignore rien des grâces douillettes, des jeux et des ris malins de l'enfance, alors qu'il représente Jésus en petit berger, caressant l'agneau et tenant la houlette, alors que le troupeau broute la prairie voisine, ou bien le même Jésus enfant donnant à boire au petit Jean-Baptiste pendant que l'agneau favori regarde la scène et que des anges se penchent au bord du ciel entr'ouvert. Il excelle aussi, comme dans la *Porciuncula*, à peindre le moine saint François agenouillé, la pieuse apothéose du Christ apparaissant

MURILLO

SAINTE FAMILLE (del Pajarito)

avec sa croix, sa mère à ses côtés, parmi des nuages peuplés d'anges qui jettent les fleurs à la volée dans l'humble cellule.

Il peint avec la même sûreté saint Bernard, vêtu du froc blanc, agenouillé devant une délicieuse Vierge qui descend vers lui portant son fils, tout environnée d'anges qui semblent tirer autour d'elle un rideau de théâtre. Il représente en une scène pleine de gravité et de douceur *Sainte Anne instruisant la Vierge,* le sérieux de la mère, l'atten-

MURILLO.   *Sainte Anne instruisant la Vierge.*

tion de la petite fille, à laquelle deux anges qui tombent du ciel apportent une couronne. Il trouve des blancs nacrés, des bleus transparents, des dorures légères.

Mais, à la fin, on trouve qu'il y a trop d'anges, trop de fleurs, et malgré le talent certain, on éprouve une lassitude devant la

MURILLO.   *Le Songe du patricien.*

monotonie des formes et des couleurs, devant l'absence presque
totale d'expression. Il y a une facilité, une inconscience certaine
chez Murillo. Son œuvre a une fadeur qui finit par rebuter l'admiration. Il n'a donc pas connu l'existence, il n'a donc rien vu,
rien éprouvé, qu'il a passé son temps à recommencer les mêmes
tableaux de sainteté qui ont précipité, cela est sûr, la décadence de
l'art religieux, lui ont enlevé son contact avec la vérité de la vie?

MURILLO.   *La Révélation du songe au Pape Liberio.*

Heureusement, il y a eu, il faut le redire, un autre Murillo, un Murillo qui n'arriva jamais à la sublimité de l'expression, à la vision simple et forte des spectacles de la nature, des passions et des beautés de l'humanité, mais qui réalisa, néanmoins, d'une

MURILLO.   L'Adoration des bergers.

manière saine, tranquille, charmante, des pages véridiques ou des compositions savantes. C'est le Murillo de la *Sainte Famille à l'oiseau*, des artisans de son pays vus en toute familiarité, en pleine vie paisible, la mère à son métier de fileuse, prête à manger un fruit, le père auprès de son établi, tenant l'enfant qui joue, un oiseau à la main, avec le petit chien de la maison. C'est le Murillo de l'*Adoration des bergers*, scène rustique et simple, où il y a la poésie de l'étable et de la pauvreté; du *Songe du Patricien* et de la *Révélation du songe au Pape Liberio*, deux compositions qui ont l'ordonnance et la somptuosité des maîtres de Venise; enfin, de la *Sainte Elisabeth de Hongrie lavant la tête des teigneux*, d'un détail réaliste absolu, exhibition de plaies, d'ulcères, d'infirmités, en contraste avec la grâce bienveillante des suivantes de la reine, et la physionomie bonne et sérieuse de celle-ci, attendrie au spectacle de la misère, pansant les blessures de ses mains douces, apaisant les douleurs par ses regards compatissants, la simplicité de ses actes.

A Cadix, Murillo exécute, ou plutôt commence son dernier tableau. Tombé d'un échafaudage, il languit quelques semaines et meurt le 3 Avril 1682.

Comme Velasquez, Murillo avait affranchi l'un de ses serviteurs, Sebastien Gomez (el Mulato) et en avait fait son élève. Juan Garzon, Francisco Menesès, Juan Simon Guttierez sont également sortis de son atelier. Rien de ces artistes au Prado. La foule ou la procession de ses disciples ou imitateurs s'étend jusqu'à la fin de XVIII⁰ siècle.

Miguel de Tobar (1678—1758), dont le Prado possède une copie d'un portrait de Murillo, a peint aussi des «Vierges» d'expression mixte. Vont-elles nous chanter un cantique ou une ariette d'opéra-comique? De même la *Divine Bergère* de Bernardo Guzman Llorente (1683—1757). Promenons-nous dans ces pâturages édeniques: le loup n'y est pas.

Deux peintres luttent contre la décadence et le maniérisme. Le premier, Francisco de Herrera, dit el Mozo (1622—1685), après une jeunesse orageuse, s'assagit, non sans conserver une certaine fébrilité qui se traduit en compositions grimaçantes et tourmentées, telles que le *Triomphe de sainte Hermenegilde*.

MURILLO   SAINTE ELISABETH DE HONGRIE

Le second est Valdès Léal, élève d'Antonio del Castillo (1630—
1691). Rageur, farouche, comme Ribera qu'il voudrait dépasser
en horreur, il sort de l'Académie en claquant la porte au nez de
ses collègues, broie du noir, saisit les fantômes macabres qui
traversent son cerveau fumeux, les colle et les écrase sur ses toiles,
et pour se délasser, verse de l'acide corrosif sur du cuivre. Il
n'est pas représenté au Prado par les œuvres qui l'expriment
réellement. Il n'a là que deux toiles: la *Présentation de la Vierge
au temple*, et *Jésus disputant avec les docteurs*.

Enfin, Claudio Coëllo (1623—1694), élève de Rizi, conserve encore
les belles traditions et lutte, avec la haute mine d'un héros qui
sait que la bataille est perdue, et veut tomber à son poste sans
reculer d'une semelle. Il peint aussi, comme Miranda, un *Charles II*
à grand nez, grand menton, grande lippe.

Luca Giordano, dit *Fa Presto,* débarque d'Italie, saute à terre,
pirouette, arrive à Madrid en battant des entrechats. Avec une
effroyable facilité, il va couvrir toiles, panneaux, murs, plafonds,
bâcler, sourire, empocher, en faire voir de toutes les couleurs au
pauvre Charles II. Le grand drame de la décadence espagnole
s'achève par un ballet italien ...

VII. — GOYA.

Mais non! le drame n'est pas fini. Il y a un épilogue. Un petit
homme surgit, s'élance sur la barricade, escalade les pavés,
dégringole en vomissant d'effroyables blasphèmes, court en avant,
rattrape le dernier inquisiteur qui se glisse le long des murs et
lui tire à bout portant une balle avec un mauvais pistolet de
poche. La soutane flambe!

Il échangera plus tard son mauvais outil contre une arme de
précision, de fabrication anglaise, d'un bon faiseur: Hogarth. Raide

et froid, en apparence, mais la bouche serrée et l'œil étincelant, il va faire des dessins et des cuivres, comme il ferait des cartons de tir. Seulement, les balles pointues traversent le carton et vont se loger dans la peau des gens.

C'est Goya, un des plus terribles ironistes de l'art. Il n'a pas la hauteur d'éloquence et de mépris de Juvénal ou de Suétone, le coup de fouet aristocratique dont Aristophane enveloppe la bête humaine, mais il est de leur famille. Ce n'est pas Rabelais, La Bruyère, Swift, le Neveu de Rameau, mais il a parfois l'accent de leur voix. Il fait songer aussi à Callot, à Hogarth, surtout à Chamfort, en pleine crise d'accidents cutanés. Mais Chamfort, même enragé de souffrances, lime son travail en artiste patient jusqu'à ce qu'il lui ait

LOPEZ.   *Portrait de Goya.*

trouvé sa forme définitive. Goya ne cherche pas à faire une prouesse d'artiste. Il vise au ventre l'homme qui passe et l'abat. C'est un révolté irréductible. Chamfort, découragé de l'action, veut se tuer, se met en lambeaux. Goya, assailli, traqué dans son réduit, se réfugie à Bordeaux, lutte jusqu'à la fin, jusqu'à quatre-vingt-deux ans. C'est à peu près à cet âge qu'il a été peint par Lopez, armé de sa palette et de ses brosses, le visage pensif et combatif.

Francisco Goya y Lucientes (1746—1828) était né à Fuendetodos,

GOYA

LA FAMILLE DE CHARLES IV

en Aragon, avait traversé l'atelier de
José Luzan Martinez. Mauvais sujet,
tapageur, insolent, querelleur, avant
de mitrailler ses adversaires, il règle
ses petites affaires personnelles lui-
même. Il rosse le guet, glisse entre
les serres encore rapaces de l'Inquisition, se sauve en Italie. Là, il ne
perd pas son temps. Il se bat et se
promène. La peinture l'intéresse
réellement. Non pas qu'il en fasse,
certes! mais il regarde beaucoup. Il
rencontre dans les galeries de Rome
un peintre français qui fait grave-

GOYA.   *Josefa Bayeu, femme de Goya.*

ment de savantes copies. C'est
David, le futur régicide. On peut
supposer que les deux artistes
ne parlent pas seulement de
peinture. La houppelande de
David ressemble à une toge
antique, mais l'énorme chapeau
de Goya se refusera à imiter le
casque de Mucius Scœvola et
de Brutus. Pourtant, sans s'être
transformé en un personnage
austère, ou simplement correct,
Goya a désormais quelque tenue.
Il n'a plus l'air d'un brûleur de
maisons. Si bien qu'à son retour

GOYA.   *Francisco Bayeu.*

à Madrid, en 1772, on lui donne en mariage Josefa Bayeu, sa femme exquise et dévouée, indulgente et fidèle, dont il a fait le joli portrait de si doux visage, en fichu blanc, manches noires brodées d'or, gants gris. Il fera aussi le portrait de son beau-frère, Francisco Bayeu, habit de soie gris, visage inquiet, main fine.

Un artiste étranger, personnage important et bien en cour, Raphaël Mengs, l'accueille, lui fait obtenir une commande. Il s'agit de composer des cartons pour la fabrique royale de Santa-Barbara. Goya nettoie son atelier et sa mémoire. Il balaie David, Raphaël Mengs, et Raphaël Sanzio aussi, il les fourre avec d'autres dans le même sac et s'asseoit dessus pour travailler commodément pendant près de vingt ans.

GOYA. *Le Marchand de pots.*

Il trouve du premier coup une formule neuve, il invente une couleur, un mouvement, dessine et peint à la diable, lâche ses personnages dès qu'ils se tiennent debout, et s'ils trébuchent, les redresse d'une torgnole ou d'un coup de batte, comme un polichi-

nelle effronté. Dans cette longue série, il y a la *Dispute à l'auberge
neuve*, *Une Promenade en Andalousie*, *l'Aveugle jouant de la
guitare*, la *Boutique de fai-
ences*, la *Balançoire*, le *Jeu
de Paume*, le *Colin-Maillard*,
les *Lavandières du Manzanarès*, le *Déjeuner sur l'herbe*,
la *Danse au bord du Man-
zanarès*.

Si l'on songe au noir et
dramatique Goya, on est
surpris tout d'abord par ces
scènes lumineuses, ces dispositions plaisantes, ces jeux
et ces ris. Mais l'artiste est
varié entre tous, et il est
aussi le plus espagnol des
peintres de l'Espagne. N'a-
t-il pas été féru de tauromachie, jusqu'à descendre
dans l'arène, dit-on? Il a
vu, compris, aimé tous les
aspects de la vie de son
pays, il a éprouvé profondément toutes les sensations,
joie et douleur, qui ont
enivré et ravagé l'âme natio-

GOYA.   *Le Mannequin.*

nale. Son art est un miroir, quelque fantaisie de mise en scène
et de couleur qu'il y apporte. Devant les premières œuvres de
Goya, il ne faut pas oublier, d'ailleurs, qu'il s'agit de cartons de
tapisseries, et il faut aller voir à l'Escurial l'exécution définitive

de ces œuvres de début. Au Prado, elles sont de tons heurtés, de dessin maigre et net. A l'Escurial, elles s'harmonisent et décorent les salles charmantes que l'on découvre avec surprise dans le noir palais. C'est le XVIIIᵉ siècle qui fait irruption dans l'antre de Philippe II. Même au Prado, ceci admis, on peut se récréer des personnages rassemblés autour de l'étalage de faiences, du lourd carrosse dans lequel, par la vitre, on aperçoit une dame élégante ; du mannequin que font sauter quatre accortes commères ; des personnages aux culottes chamarrées, aux bas bien tirés, enveloppés dans leurs

GOYA. *La Coquette et les emmitouflés.*

manteaux jusqu'aux yeux, auxquels sourit une fine mouche de comédie, image dont le sens caché serait : « La Coquetterie voulant dévoiler le Désir » ; de la ronde et du colin-maillard au bord de la rivière ; du buveur à l'ombre d'un arbre. Ses personnages ont

GOYA

SCÈNES DU 3 MAI 1808

parfois une raideur de poupées, mais parfois aussi l'œuvre est leste comme chez Fragonard, vit d'une vie rêveuse comme chez Watteau, auxquels Goya pense et fait penser en dépit de son originalité. Mais il nous traduit leur esprit dans la langue de son pays,

GOYA.   *Le Colin-maillard.*

en bon espagnol rude et rauque. Goya exécute dans la même manière une série de tableaux de genre : scènes galantes, corridas, mascarades, scènes dramatiques.

Plus audacieux que Velasquez qui peint la *Vénus au miroir*, une femme nue, Goya ose du déshabillé. Sa *Maja* est d'abord galamment parée en merveilleuse du Directoire, voilée de tissus légers, décolletée, chaussée de babouches, vêtue d'un pantalon clair, d'une ceinture rose, d'un boléro noir et jaune, d'une chemisette transparente. Elle est allongée sur un divan, appuyée sur des oreillers, les mains derrière la tête. Sous ses cheveux noirs, son jeune visage rosé donne, comme tous les portraits, son énigme à deviner. Elle est charmante de vie toute neuve, de vie nerveuse

GOYA. Le Buveur.

et frémissante, épanouie dans la lumière, et des deux portraits, la *Maja vestida,* la *Maja desnuda,* c'est la première qui est la plus belle, de la plus souple peinture, du plus doux éclat lumineux. L'autre, la *Maja nue,* malgré le soin, le serré de la facture, la fine qualité de chair, est de modelé un peu sec, de chair un peu grise. C'est elle qui aurait dû rayonner d'une façon absolue, plus que l'autre, si rayonnante !

Goya brosse une grande fresque à la chapelle royale de San Antonio

GOYA

LA MAJA VÊTUE ET NUE

de la Florida : *Saint Antoine de Padoue ressuscitant un mort.* Il y a là tout un public de corrida, des envolements de mantilles, des frémissements d'éventails, à tel point qu'on se demande si c'est vraiment saint Antoine qui ressuscite son mort, ou bien les yeux flambants des manolas. Et quels anges, ou plutôt quelles femmes ailées, blondes, grasses de chair, fines de visages, aux attitudes

GOYA. *La reine Marie-Louise de Parme.*

et aux mouvements réels, sourient aux voûtes de la chapelle ! L'œuvre est hors du musée et même hors de Madrid, mais il est impossible l'ayant vue, de ne pas la marquer à l'actif de Goya. Là, il est un très grand peintre, un très prestigieux décorateur. Je voudrais m'arrêter plus longtemps sous ces voûtes animées.

Murillo, peintre pieux,

GOYA. *Le roi Charles IV.*

13

entretenait le feu sacré avec une gravité suave, des attitudes de vestale. Goya s'amuse, tisonne, fait jaillir des gerbes d'étincelles du brasero sacré. Qu'importe, le foyer ne s'éteint pas! Les commandes pour les églises affluent. Quand le cahier des charges est bien fait, et que la foi, ou tout au moins le respect, est formellement stipulé, Goya se résigne de mauvaise grâce, il est alors vulgaire, poncif, banal.

Mais c'est à Tolède qu'il faut voir le *Baiser de Judas*. Au Prado, il n'y a de Goya qu'une *Sainte Famille* et un *Jésus crucifié* peint avec souplesse et virtuosité, mais d'un caractère de jeune premier bellâtre vraiment inacceptable. Nous allons le trouver davantage lui-même. Philosophe et révolutionnaire, devenu peintre de cour, il va fournir son témoignage sur la décadence de la monarchie es-

Goya. *La reine Marie-Louise en mantille.*

pagnole. Goya qui ne ressent pas les beautés sublimes de l'Histoire sainte, ne saurait être fortement impressionné non plus par le spectacle de la majesté royale incarnée en un Charles IV.

Il peint, à l'imitation de Velasquez, les portraits équestres du roi Charles IV de Bourbon et de la reine Marie-Louise de Parme.

Le roi Charles IV (fragment de la *Famille de Charles IV*).

Ils sont tous deux en uniformes de colonel des gardes du corps, et c'est elle qui a l'air le plus cavalier, sur son alezan à la selle dorée. Elle l'a enfourché comme un homme. Le pied solide à l'étrier, les guides bien en mains, la noire amazone au grand chapeau éclairci d'un ruban rouge, des revers rouges aussi à la poitrine, passe en souriant du sourire cynique et rusé que Goya n'aura garde d'oublier sur aucun de ses portraits. Le roi est plus quelconque, comme il convient.

Les souverains reparaissent à pied, le roi a le même air, mais la reine est à transformation. Cette fois, elle est costumée en madrilène, jupe, basquine et mantille de dentelle noire, un ruban rose sur la tête, un éventail à la main droite, aux pieds les petits souliers d'une délurée. Elle n'est pas belle, et probablement pas jeune, mais elle a sûrement le diable au corps, et Goya songera à elle lorsqu'il enverra au sabbat les sorcières de ses *Caprices*.

La voici, d'ailleurs, définitive cette fois, monstre splendide et riant, au milieu de la grande toile de la *Famille Royale*. C'est le chef-d'œuvre des tableaux de Goya. On ne le devine pas, on ne le suppose pas le peintre d'une telle œuvre, il faut l'avoir vue, il faut avoir été ébloui par la légèreté et la vivacité de la couleur, surpris par tout ce qu'une peinture d'apparat peut contenir de grâce exquise et d'humeur mordante. La reine, au centre, montre un corps vivant, souple et déformé, sous la gaze, la dentelle, la broderie, une nuée lumineuse grise, bleuâtre, argentée, pailletée d'or. La gorge est chargée de colliers de pierres multicolores. Une agrafe de diamant ferme la ceinture qui remonte les seins. De lourdes pendeloques tombent des oreilles sur le col gras, rond, blanc, robuste. Un papillon de brillants voltige sur la chevelure noire comme sur un parterre funèbre. La bouche s'entr'ouvre sur des dents éclatantes, de larges yeux noirs resplendissent, éclairent ce visage irrégulier, fatigué et violent. Des bras nus, énormes,

La reine Marie-Louise (fragment de la *Famille de Charles IV*).

sortent du corsage. La figure est spirituelle, sensuelle, impudente. Le roi, en habit marron, couvert de broderies, de décorations, de plaques, la poitrine barrée du grand cordon bleu, blanc, rouge, les mollets blancs, la perruque blanche, est solennel et débonnaire. Douze autres personnages entourent les souverains. Entre le roi et la reine, un enfant vêtu de rouge, un cordon bleu et blanc en sautoir. Derrière le roi, un homme rouge, une femme qui tient un enfant, et deux têtes d'homme et de femme. A droite de la reine, une fillette en blanc gris, une femme en blanc, bleue et dorée, un visage de vieille d'un caractère extraordinaire d'oiseau de nuit, un homme bleu, un adolescent rouge, et dans la pénombre, devant sa toile, le caustique Goya. Admirable assemblée, solennelle et frivole, belle comme une volière d'oiseaux de paradis, comme un jardin aux fleurs délicates et éclatantes.

Goya voit encore passer devant son chevalet Joseph et Ferdinand VII. Tous ces gens-là font pour entrer et se maintenir dans la peau d'une altesse le même effort héroï-comique que le bourgeois de Raffaëlli pour s'introduire dans ses gants blancs. La férocité de Goya s'adoucit cependant devant la grâce de l'Infante Doña Maria Josefa, première fille du roi Charles III.

Il fixe au passage, en deux toiles fougueuses, de sanglants épisodes de 1808, le soulèvement des Madrilènes redressés sous la botte impériale de Napoléon. En véritable aficionado, plus peut-être qu'en patriote révolté, il marque les coups des émeutiers qui avec l'adresse imperturbable des spadas, abattent les mamelucks rugissant sous les banderilles.

Il a le génie du mouvement, dans ses eaux-fortes des *Caprices*, des *Malheurs de la Guerre*, ses dessins et ses gravures de la *Tauromachie*. Et il l'a mis en œuvre ici avec une fureur extraordinaire. *Le 2 Mai 1808*, c'est l'assaut donné aux Mamelucks à la Puerto del Sol, les Espagnols armés de couteaux se précipitant

sur les chevaux et les hommes, les transperçant avec une cruauté
froide, implacable, les yeux hors de la tête, le geste sûr. Regardez
le mameluck qui tombe de son cheval en une attitude de mannequin, et l'homme inexorable qui le frappe et le refrappe au ventre.

GOYA.   *Le 2 mai 1808 à Madrid.*

Le 3 Mai 1808, c'est la fusillade des Madrilènes, au pied de la
montagne du Principe Pio, par les soldats de Murat, fusillade à
bout portant (dont Manet se souviendra pour son Maximilien),
page effrayante par l'impassibilité des fusilleurs, par l'attitude et
la gesticulation des fusillés. C'est la nuit. Le ciel est noir, des
maisons et un clocher dessinent une ville grise sur le fond obscur.
Une grosse lanterne, placée entre les soldats et les prisonniers,

éclaire la scène. En pleine lumière, un homme en culotte jaune, en chemise blanche, les traits horrifiés, étend les bras, regarde les fusils avec des yeux flamboyants. Un autre baisse la tête, joint les mains. D'autres serrent les poings, se cachent les yeux. A droite, une colonne de prisonniers apparaît, amenée pour la fusillade. A gauche, un tas de morts gît dans le sang coagulé.

L'œuvre de Goya se complète, au Prado, des peintures dont il avait orné sa maison bâtie au bord du Manzanarès. Le peintre, ici, rejoint l'aquafortiste. C'est la même fantaisie noire, la même force de cauchemar. J'ai revu là ces œuvres que j'avais entrevues au Trocadéro, lors de l'exposition de 1878. Il m'était resté dans le souvenir les *Deux hommes se battant à coups de triques*, je les ai retrouvés, forcenés, terribles, avec le *Saturne*, la *Judith*, la *Romerio de San Isidro*, toutes ces sombres figures qui rampent, qui s'envolent, reptiles et chauve-souris, nées de la planche 43 des *Caprices*, intitulée: *Le songe de la raison enfante des monstres.*

Goya.   Un Picadore de toros.

RAPHAËL

JÉSUS PORTANT SA CROIX
(El Pasimo de Sicilia)

ITALIE

I. — FRA ANGELICO. — ANDRÉ DEL SARTO. — LE BRONZINO. —
ÉCOLE ROMAINE. — RAPHAËL. — ÉCOLE LOMBARDE. — LUINI. —
LE CORRÈGE. — ÉCOLE DE BOLOGNE ET DE NAPLES.

Il était nécessaire de donner la grande place à l'Ecole espagnole
dans ce livre consacré au musée de Madrid: nulle part on ne peut
voir ses œuvres rassemblées en une telle quantité, toutefois les

14

écoles étrangères y apparaissent aussi par des collections véritablement splendides. On ne pourrait à leur aide établir, comme au
Louvre, une chronologie de l'art, mais elles présentent des chefs-
d'œuvre vers lesquels il faut nous diriger sans plus tarder. L'Italie,
d'abord, dont l'art a joué un si grand rôle en Espagne. L'Ecole
Florentine est représentée au XVᵉ siècle par Giovanni da Fiesole,
dit Fra Angelico (1387—1455). Son *Annonciation,* un ange Gabriel
qui semble une délicate pièce d'orfévrerie par sa robe rose si
précieuse, ses ailes d'or, son auréole, salue la douce Vierge
blonde si tendrement et doucement peinte par l'artiste ingénu.
Au fond, dans un sombre jardin, on aperçoit Adam et Eve, très
humbles, chassés du Paradis terrestre. Rien de plus pur, de plus
suave que cette scène où la lumière entre avec l'ange dans le
petit cloître où se tient Marie. Au dessous, cinq compartiments
montrent les épisodes de la vie de Jésus-Christ.

Un siècle après, c'est André del Sarto (1488—1530) avec un magnifique portrait de sa femme *Lucrezia di Baccio del Fede,* d'une beauté si souple, si féline, et plusieurs représentations de la *Vierge et l'enfant Jésus,* presque toutes très belles, mais parmi lesquelles il y en a une tout à fait admirable par la beauté du paysage, la noblesse des figures, la douceur d'enveloppe de l'atmosphère. C'est aussi de Florence que nous viennent le *Jeune Violoniste*

LE BRONZINO.   *Jeune Violoniste.*

RAPHAËL

SAINTE FAMILLE
(dite *del lagarto*)

du Bronzino, et les peintures de Vasari, Allori, Carducci, Gentileschi.

L'École Romaine a pour grand représentant Raphaël Sanzio (1483—1520). On peut le connaître à Madrid sous son aspect de portraitiste par l'effigie nette, solide, sculpturale, d'un *Cardinal*, les copies des portraits d'*Andrea Navagero*, d'*Agostino Beazzano*. On peut l'y admirer aussi comme peintre de la *Visitation* et du *Portement de croix*, de *Madones* et de *Saintes Familles*.

Raphaël (copie).   *Agostino Beazzano.*

La *Visitation* est une œuvre précise et naturiste, où la Vierge et sainte Elisabeth sont marquées de traits infiniment expressifs. La jeune femme, en manteau bleu, sa grossesse visible sous sa robe lie de vin, la forme affirmée avec une tranquille audace, s'avance vers la vieille Elisabeth, et leurs attitudes à toutes deux sont charmantes, Marie heureuse, pudique et douce, Elisabeth respectueuse et maternelle. Le *Portement de Croix* (Spasimo di Sicilia) passe pour un chef-d'œuvre de Raphaël, et c'est un chef-d'œuvre en effet pour l'équilibre de la composition, le groupement des personnages, et aussi pour l'émotion çà et là visible. Toutefois, l'œuvre n'est pas entièrement de nature et d'imagination, des emprunts y sont directement effectués. L'analogie est évidente avec le *Portement de Croix* de Martin Schoen: la tête du Christ, dans toute la force de l'âge, courageux et succombant, est prise au peintre de Colmar. Le bourreau est copié sur le *Gladiateur* du Musée de Naples. Le premier aspect est monotone par les chairs aux tons cuivrés et rouges, mais l'on découvre peu

Sainte Famille (La Perla).

à peu la science profonde, l'attention passionnée du vrai. Les regards que le Christ et sa mère échangent créent un admirable drame de douleur silencieuse, qui se complète avec une force extraordinaire par l'apitoiement de la sainte femme qui joint les mains, par la douce naïveté de Marie-Madeleine à genoux, par l'élan des deux jeunes apôtres, et aussi par le groupe impassible et ordonné des hommes à cheval.

On voit, dans les chairs rouges, comme dans l'opacité de la couleur du *Portement de Croix*, l'intervention de Jules Romain et d'autres élèves de Raphaël. De même, dans la *Visitation*, dans la *Sainte Famille sous le chêne*, dite aussi *del Lagarto* (au lézard), dans la *Sainte Famille* dite la *Perla* (la perle), dans la *Vierge à la*

LE TITIEN

CHARLES QUINT

à la bataille de Mühlberg

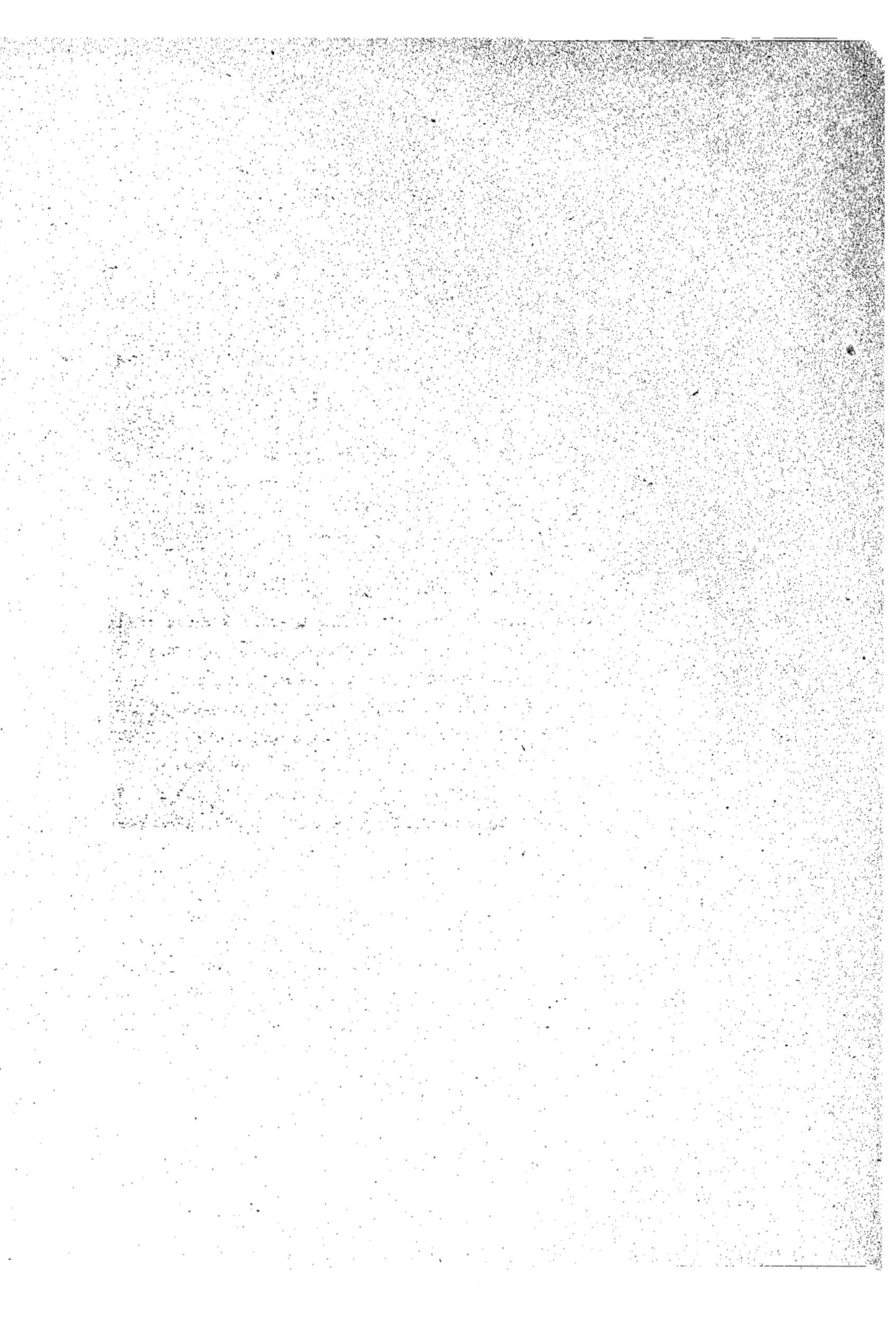

rose. L'inspiration et la composition de Raphaël seraient seules en cause. On trouve en effet l'art de Raphaël dans cette Vierge *del Lagarto* au corps souple, accoudée d'un mouvement si aisé à un bas-relief antique, entre saint Joseph, Jésus et Jean ; dans ce groupe de la *Perla* où la Vierge est si charmante auprès de sainte Anne, en avant du mystérieux paysage où brille l'aurore, et de l'atelier de saint Joseph dans le clair-obscur. Deux autres toiles ne sont pas contestées : la *Sainte famille à l'agneau,* traitée en miniature dans le sentiment subtil du Vinci, et la *Vierge au poisson,* d'une facture ample et vigoureuse,

LE CORRÈGE.   *Noli me tangere.*

d'une couleur souple et riche, d'une expression touchante.

A l'Ecole Romaine appartiennent encore Gaspard Dughet (1613—1675), paysagiste élève du Poussin, et Panini (1691—1764), peintre de ruines pittoresques.

L'Ecole Lombarde. Bernardino Luini, né en 1460, et qui vivait encore en 1530, est le peintre de l'*Enfant Jésus avec saint Jean-Baptiste*, image de l'enfance célèbre pour la vérité de ses corps douillets, de ses bras potelés, de ses courtes mains grasses. Le Corrège (1494—1534) a des tableaux douteux, mais la Madeleine de son *Noli me tangere* a le charme et la grâce, auprès d'un Christ malheureusement prétentieux et fade. Le Parmesan (1503—1540), un des meilleurs élèves du Corrège, est présent par de beaux portraits, d'un Personnage inconnu et d'une Dame avec trois enfants.

II. — ÉCOLE DE PADOUE. — MANTEGNA. — ÉCOLE VÉNITIENNE. — LE TITIEN. — GIORGIONE. — PALMA LE VIEUX. — PORDENONE. — LE TINTORET. — PAUL VÉRONÈSE. — TIEPOLO. — ÉCOLES DE BOLOGNE ET DE NAPLES.

Les catalogues du musée de Madrid inscrivent le nom de Mantegna à l'Ecole de Venise. Il est juste de lui restituer sa gloire de chef de l'Ecole de Padoue. Nul n'a une manière plus saisissante parmi les peintres de son temps, nul ne taille comme lui ses figures en une forme de sculpteur. Les Apôtres de la *Mort de la Vierge* rassemblés autour du cadavre ont le style naturiste des statues de Donatello. La Vierge, rigide, douloureuse, gardant encore la trace des angoisses de sa vie, connaît enfin le repos. Si ce groupe expressif évoque un sculpteur, le merveilleux et simple paysage est d'un peintre, avec son eau grise, son pont, ses maisons, son ciel tendu de nuages d'argent.

L'École de Venise triomphe à Madrid par les œuvres de ses peintres du XVIᵉ siècle: Titien, Giorgione, Palma le Vieux, Pordenone, Tintoret, Véronèse.

Le Titien (1477—1576), centenaire de la peinture, représente à lui seul un siècle de gloire, et quarante toiles marquent ici les

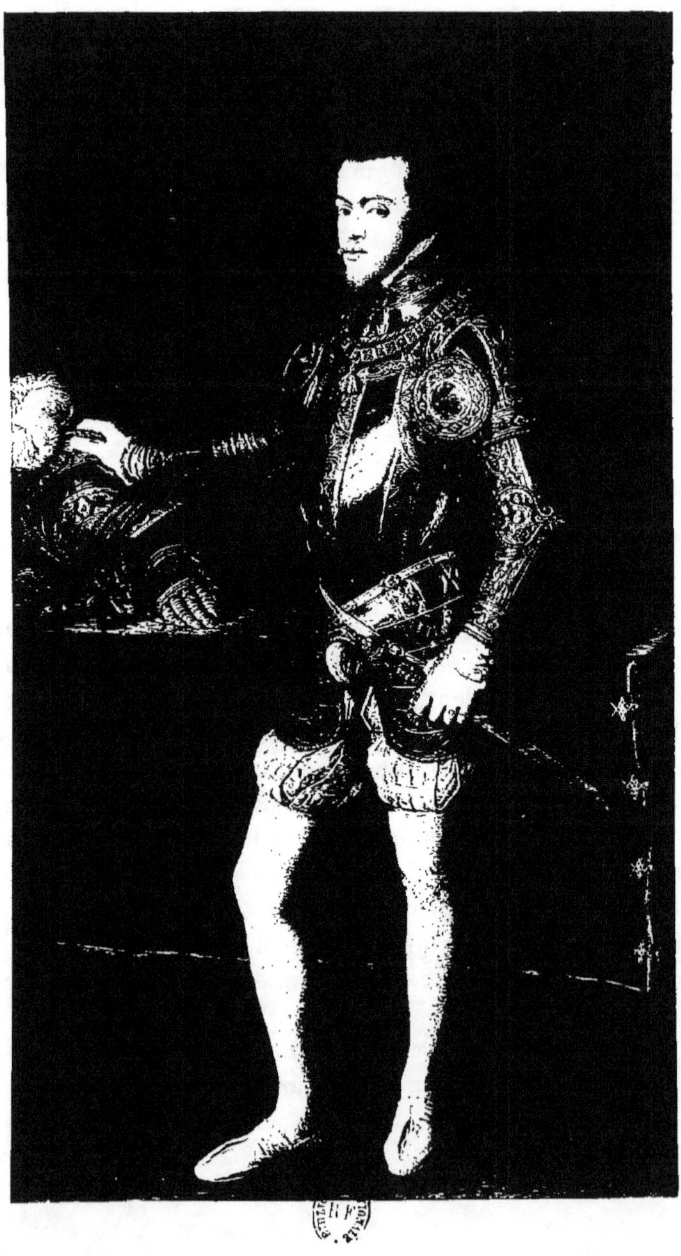

LE TITIEN   PHILIPPE II

étapes de sa longue carrière. On assiste à l'ascension lumineuse de son art, qui passe comme un soleil au-dessus de l'Adriatique et de Venise, depuis les premiers feux clairs de l'aurore jusqu'à la pourpre radieuse du couchant. Le portrait d'*Alphonse d'Este, duc de Ferrare,* qui fut l'époux de Lucrèce Borgia, seigneur bellâtre, d'aspect plûtot débonnaire, vêtu de violet et d'or, a été peint en 1516, donné à Charles-Quint en 1530. Les portraits de Titien, s'ils n'ont pas toujours la profondeur psychologique, la marque incisive du caractère, ont toujours haute et belle allure de réalité, même ce *Chevalier de Malte,* d'air un

MANTEGNA. La Mort de la Vierge.

peu bênet, le visage et la tête fourrés d'une barbe et de cheveux noirs. Mais lorsque Titien se trouve en face d'un modèle tel que Charles-Quint, il ajoute vraiment à la magnificence de son art la force de la vérité et le frisson de l'Histoire. Le *Charles-Quint* qu'il peignit à Bologne de 1531 à 1533 est de grande allure et d'étrange physionomie. L'Empereur, en costume de seigneur, a la toque sur la tête, le court manteau à revers de fourrures sur les épaules. Une main accrochée à son poignard, l'autre tenant un énorme dogue par le collier, il est debout, plein d'assurance, et montre un visage aux yeux tristes, à la mâchoire terrible, cette mâchoire proéminente qui projette en avant la lèvre inférieure. Cette avancée de la mâchoire, cette bouche béante, on les retrouver a chez les princes de la maison d'Autriche, mais avec de plus en plus de mollesse et d'abandon. Ici, c'est le type premier qui apparaît dans sa force, avec toute l'énergie de son instinct et de son ambition.

Dix-sept ans plus tard, en 1548, lorsque Titien, âgé de soixante-onze ans, mandé par Charles-Quint, se rendra à Augsbourg où se réunit la Diète, il fera une effigie encore plus étonnante de l'Empereur, qui lui demandera son portrait équestre, avec le costume qu'il portait à la bataille de Muhlberg. Le cheval, un alezan brûlé,

LE TITIEN.   Un Chevalier de Malte.

harnaché de rouge, la tête ornée d'un plumet, comme le casque du cavalier, semble sortir d'un bois dont on aperçoit les sombres verdures. Charles, bien en selle, tenant de son gantelet de fer la lance en arrêt, couvert d'une armure noire et damasquinée, la poitrine traversée d'une écharpe rouge, est une apparition menaçante de l'homme de guerre. Il barre le chemin et il va foncer sur l'adversaire. Le visage est le chef-d'œuvre de Titien portraitiste. Vieilli, la barbe grise,

LE TITIEN

OFFRANDE À VÉNUS

le menton projeté en avant, la mâchoire contractée, la bouche serrée, il est toujours triste, mais une volonté farouche l'anime. On n'a jamais dressé de plus sinistre façon une image de conquérant, dans un paysage qui rougeoie comme s'il était enveloppé d'une atmosphère de sang.

Deux ans après, en 1550, Titien retourne à Augsbourg, et cette fois encore il peint un chef-d'œuvre, le portrait de Philippe, fils de Charles-Quint, celui qui sera

Le Titien.   *Alphonse d'Este, duc de Ferrare.*

Philippe II. Vêtu de soie blanche et d'acier doré, une main sur son casque, l'autre sur son épée, il promet, lui aussi, de jouer son rôle. Grand et mince, blafard de teint, roux de cheveux et de barbiche, il allonge les lèvres rouges de sa bouche de goule, il est impassible, hautain et mystérieux. Titien est aussi, au musée de Madrid, le portraitiste plus gracieux d'Isabelle de Portugal, épouse de Charles-Quint, mais il se révèle bientôt sous d'autres aspects, avec son faste de paysagiste, sa maîtrise de peintre de la chair. L'*Offrande à Vénus* rassemble, devant la statue de la déesse, une multitude d'Amours jouant, s'enlaçant, se culbutant, tirant de l'arc, pillant des corbeilles de fruits, et c'est merveille de voir comment le pinceau du Titien s'est récréé de ces corps en mouvement, de ces délicats modelés de l'enfance. La *Bacchanale* est à comparer aux sujets de même ordre où

15

114

Rubens a mis sa force de vérité. Il y a plus de retenue chez Titien, mais l'ardeur secrète est aussi vive. Les satyres, les bacchantes dansent leur ronde, se poursuivent, se laissent tomber à l'abandon du sommeil, dans un radieux paysage d'été, sous la lumière du soleil. C'est la toile la plus capiteuse de cette réunion. En voici une plus grave, tranquille, immobile, presque hiératique : *Vénus récréée par la musique.* Le Titien a traité plusieurs fois ce sujet, à la demande du duc Ottavio Farnèse, et il y en a deux exemplaires au musée de Madrid. Dans l'un, Vénus, étendue sur un lit de repos, caresse un petit chien ; dans l'autre, elle écoute ce que l'Amour chuchotte à son oreille. Dans tous deux, il y a le personnage d'un seigneur, assis sur le pied

LE TITIEN.   *Charles-Quint vers 1531.*

du lit, qui joue de l'orgue en retournant la tête vers la belle créature qui l'écoute distraitement. Le Titien a donné à Vénus une forme ample et pleine, un peu durcie, des jambes et des bras faits au

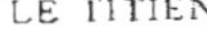

LE TITIEN

VÉNUS RÉCRÉÉE PAR LA MUSIQUE

tour, jusqu'à la faire ressembler à une statue de marbre péné-
trée de soleil. Il y a en elle un mélange de la mère du genre
humain et de la courtisane insensible, et il faut admirer alors
son apparence marmoréenne et son expression indifférente. Ici, tout
est calme, ordonné, paisible, rituel. Le rideau se lève sur une large
ouverture par laquelle
on aperçoit un parc régu-
lier, des arbres symétri-
ques, un jet d'eau, une
pelouse où se plaisent des
animaux familiers. Le paysage ajoute à la scène le
mystère de son obscure
sérénité.

Titien peint sa fille
Lavinia en *Salomé*, et c'est
une bonne et douce créa-
ture qui ne porte sur un
plat la tête du Précur-
seur que pour montrer ses
bras magnifiques, sa chair
opulente : elle semble
plutôt apporter un gâteau
qu'une tête coupée. Il peint
la *Danaë* recevant la pluie

LE TITIEN.

*Isabelle de Portugal, épouse
de Charles-Quint.*

d'or, et le tableau n'est pas des mieux composé : la vieille
suivante, qui vient prendre sa part du butin, y tient trop de
place, y prend le premier plan autant que l'héroïne, d'une forme
d'ailleurs un peu molle et banale, si on la compare à la Vénus
récréée par la musique. Le grand peintre prend d'ailleurs sa
revanche avec *Vénus et Adonis*, répétition de la toile de la National-

Gallery, peinte pour Marie Tudor, où le groupe de la déesse et du chasseur a la beauté de forme de la sculpture et la beauté de lumière colorée de la peinture; la *Religion secourue par l'Espagne*, où la jeune guerrière qui tient une oriflamme est vraiment d'une allure triomphale; le *Repos de la fuite en Egypte*,

d'une composition si savamment équilibrée dans son paysage de beaux arbres aux clairs lointains; l'*Adoration des Mages*, où l'humble cabane de la Vierge est entourée des rois, des serviteurs, de dromadaires chargés de présents, de chevaux parmi lesquels il en est un tout à fait ravissant, cette jolie bête fine et blanche qui s'ébroue et frappe du pied au premier plan; *Diane et Actéon, Diane découvrant la grossesse de Calisto*, œuvre de

LE TITIEN   SALOMÉ

maîtrise pour le modelé des corps harmonieux et pour le groupement des personnages ; *Adam et Eve*, superbe évocation du premier
couple humain (que Rubens copiera, ainsi que l'*Enlèvement*

LE TITIEN.   *Vénus et Adonis.*

d'*Europe*) ; la *Sainte Marguerite* qui donne à contempler ses bras et
sa gorge dans un paysage somptueux ; et tant d'autres tableaux,
de sainteté, d'histoire, jusqu'à cette *Gloire*, peinte par le Titien à
soixante-dix-sept ans, et qui témoigne si énergiquement de sa
vitalité, jusqu'à cet *Ensevelissement du Christ*, inférieur pour la

grandeur et la force à l'*Ensevelissement* du Louvre, mais néanmoins splendide par le mouvement des personnages, par

La Religion secourue par l'Espagne.

le jeu que l'on croirait mobile de l'ombre et de la lumière. Il faut quitter Titien pour Giorgione, né la même année que lui, l'an 1477, mais mort en sa pleine jeunesse, l'an 1511. Il avait étudié, de même que le Titien, chez Giovanni Bellini. Ses tableaux

GIORGIONE

SAINTE BRIGITTE

sont rares. Celui que possède Madrid, le *Mariage mystique de sainte Brigitte* pourrait prêter à des discussions, et la Vierge est bien proche des Vierges du Titien, mais il n'y a qu'à célébrer l'harmonie rouge et grise des vêtements, réveillée par les cheveux dorés de Brigitte, assourdie par l'armure noire d'un chevalier.

Les peintres de Venise forment ici un groupe presque complet : Palma le Vieux, né vers 1480, mort vers 1548, avec une *Adoration des bergers*, d'une forme souple, d'une sombre ri-

LE TITIEN. *L'Ensevelissement du Christ.*

chesse de couleur; Lorenzo Lotto, né dans le troisième tiers du XVe siècle, avec un *Mariage* aux portraits savants, mais d'une allégorie un peu grimaçante; Pordenone (1484—1540) avec un sujet mystique, une Vierge entre saint Antoine et saint Roch, d'un sentiment tranquille et sévère, et un *Portrait de femme*, en blanc, coiffée d'un turban, qui semble une paisible bourgeoise; Sebastien del Piombo (1485—1547), avec un *Jésus portant sa croix ;* Jacopo da Ponte, dit le Bassano (1510—1592), avec toute une série de scènes de l'Ancien et du Nouveau Testament, fermes et colorées; Moroni

120

(1525—1578), avec un *Capitaine vénitien* noir et rouge. Restent deux séries considérables du Tintoret et du Véronèse.

Le Tintoret, de son nom Jacopo Robusti, né en 1518, mort en 1594, élève du Titien, bientôt épris des formes allongées et musclées de Michel-Ange, fut un magnifique travailleur, acharné à

PALMA LE VIEUX.   *L'Adoration des bergers.*

l'étude de l'antique et de la nature, et qui a apporté à l'Ecole de Venise et à l'art une beauté de pittoresque, un sens du dramatique qui font reconnaître ses œuvres entre toutes. Il n'a pas la tranquille aisance du Titien, la chaleur paisible de sa couleur, il n'a pas la calme ordonnance de Véronèse, il apparaît un artiste en recherche, guidé par l'inquiétude. Mais rien n'est plus beau et plus émouvant que cette ardeur passionnée. D'ailleurs

LE TINTORET   COMBAT NAVAL ENTRE TURCS ET VÉNITIENS

121

LE TINTORET. *La chaste Suzanne.*

c'est en Italie qu'il faut voir le Tintoret, bien qu'il ne puisse y avoir un plus beau tableau que son *Lavement des pieds* de la sacristie de l'*Escurial,* mais nous sommes au musée de Madrid, où se voient aussi de très beaux Tintoret: la *Bataille maritime entre Turcs et Vénitiens,* mouvementée sans confusion, vue au-dessous

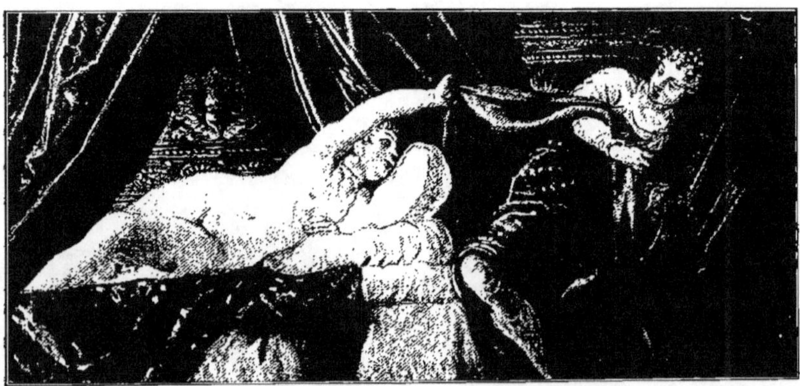

LE TINTORET. *Joseph et la femme de Putiphar.*

des voilures de deux barques, et sur l'une de ces barques, la figure éblouissante de clarté d'une femme renversée et emportée par des ravisseurs; la *Purification des Vierges Madianites*, scène de baigneuses faite d'attitudes et de mouvements de nature, où l'allongement des figures, imité de Michel Ange, sera imité par le Greco, de même que les harmonies bleues et blanches et les figures saintes et angéliques du *Paradis* seront également inspiratrices du peintre de Tolède: des panneaux traités avec la liberté de l'esquisse, où il y a de délicieuses har-

LE TINTORET.   *Le Paradis.*

monies et des mouvements d'une vérité prise sur le fait, la *Reine de Saba*, la *Chaste Suzanne*, *Moïse sauvé des eaux*, *Esther devant Assuérus*, *Judith et Holopherne*, *Joseph et la femme de Putiphar;* enfin, des portraits de Vénitiens et de Vénitiennes où le Tintoret montre un tempérament particulier d'observateur, un sens du caractère et de l'âpreté, des costumes noirs et des chairs grises, qui en font, là encore, un initiateur du Greco.

Paolo Cagliari, dit le Véronèse (1528—1588) est, comme le Titien, un grand représentant de la gloire de Venise. C'est un maître du groupement et de la perspective. Il établit ses décorations avec la science d'un architecte, il dresse ses figures comme un sculpteur,

LE TINTORET — LA PURIFICATION DES VIERGES MADIANITES

LE TINTORET.   *Moïse sauvé des eaux.*

il fait jouer l'air et la lumière dans l'espace. Son génie est clair et fécond, souple et harmonieux. C'est à Venise, à Vérone, à Trévise, à Vicence, qu'il faut le voir se déployer à l'aise, aux plafonds et aux murailles des palais et des églises. Mais un tel artiste s'exprime en toutes œuvres, en tous formats, ses

LE TINTORET.   *Judith et Holopherne.*

124

PAUL VÉRONÈSE.   *Jésus et le Centurion.*

PAUL VÉRONÈSE.   *Jésus disputant avec les docteurs.*

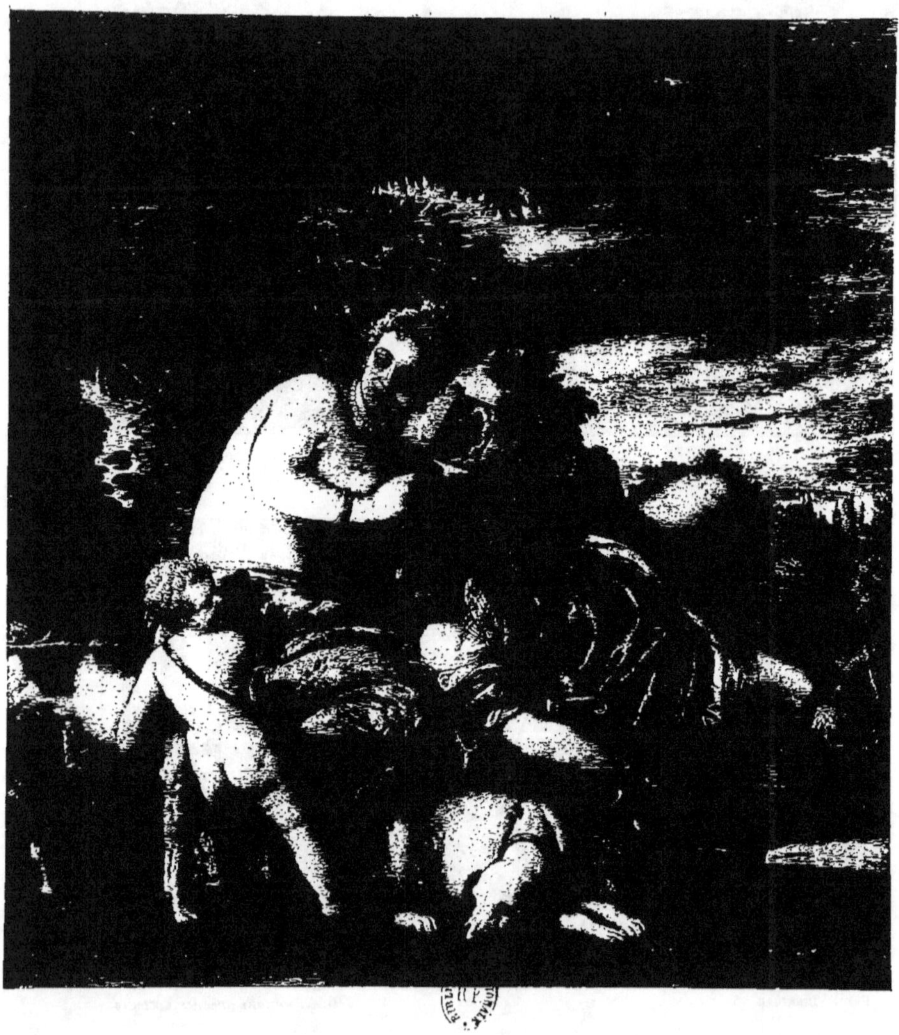

PAUL VÉRONÈSE

VÉNUS ET ADONIS

tableaux de Madrid le donnent à voir avec le frais éclat de son coloris, la savante disposition_de ses personnages. Qu'il s'agisse d'un groupe comme celui de *Vénus et Adonis,* où le torse de la déesse semble éclairer le paysage autant que la lumière du ciel; des trois personnages de la *Jeunesse entre le Vice et la Vertu,* où l'allégorie prend si facilement une allure de réalité, Véronèse se révèle comme un décorateur apte à masser les feuillages, à disposer les nuées, à bâtir un palais, à espacer des colonnes, à dresser des statues, à tendre des étoffes, et aussi comme un peintre qui se fait un jeu de montrer la souplesse des corps, l'éclat des chairs de créatures vivantes qu'il installe sur ses toiles d'un pinceau si savoureux et si caressant. Il est le maître aussi de groupements disposés, équilibrés, comme ceux de *Jésus et le*

TIEPOLO.   *La Conception.*

Centurion. Il place son *Jésus disputant avec les docteurs* au centre d'un temple dont il construit magnifiquement les colonnades et les tribunes. Il réunit en une assemblée curieuse et vivante les convives des *Noces de Cana*. Il imagine dans un jardin somptueux une *Chaste Suzanne* infiniment jeune et charmante. Il peint des portraits qui ont la grandeur et la saveur de sa manière.

Après lui, il n'y a plus, au musée de Madrid, qu'un peintre de la décadence de Venise, Tiepolo (1693—1770) qui a certainement des dons de joli peintre, une méthode claire et souple, mais gâtée par l'abondance des détails, par la fadeur de l'expression. Il traite de même la *Conception de la Vierge* et le *Char de Vénus*, mais montre parfois un sens de la réalité pittoresque, par exemple dans le *Jésus dépouillé de ses vêtements*.

Il y a d'autres écoles italiennes au Prado. Celle de Gênes est représentée par Giovanni Beneditto Castiglioni (1616—1670); celle de Naples par le trop abondant Luca Giordano (1632—1705), invité par Charles II et qui a vraiment profité de l'invitation avec trop d'empressement: il a couvert de ses peintures médiocres l'Espagne entière, jusqu'aux plafonds du rigide Escurial. Au Prado, il n'a pas moins de soixante-quatre tableaux, autant que Velasquez. L'école de Bologne a ici tous ses Carrache, Ludovic, Augustin, Annibal, son Léonello Spada, son Albane, son Dominiquin, son Guerchin. Il y a encore, chez ces artistes, une science de peinture, de beaux morceaux, mais le sens de la vie et le sens de l'art vont chez eux s'affaiblissant et se perdant.

PORDENONE. *Portrait de femme.*

PAUL VÉRONÈSE

LA JEUNESSE ENTRE LE VICE ET LA VERTU

Le Christ, la Vierge et saint Jean-Baptiste.

FLANDRE

I. — LES PRIMITIFS. — HUBERT ET JEAN VAN EYCK. — ROGIER VAN DER WEYDEN. — MEMLING. — QUINTIN MASSYS. — JEAN GOSSAERT. — PETRUS CRISTUS. — JOACHIM PATINIR.

LE musée de Madrid n'est pas seulement riche en peintures de l'École italienne, il réunit aussi un grand nombre d'œuvres importantes de l'École flamande, des Primitifs des XIVe et XVe siècles, les

Van Eyck, Van der Weyden, Memling, Petrus Cristus, jusqu'aux
artistes de la Renaissance et du XVIIe siècle, Brueghel le Vieux,
Rubens, Van Dyck. L'influence de l'art flamand sur l'art espagnol

JEAN VAN EYCK. *Un Religieux.*

JEAN VAN EYCK. *La Vierge.*

est certaine, bien que l'influence de l'art italien ait prédominé.
Tout naturellement, la possession des Flandres par l'Espagne a
amené entre les deux pays un échange de formes et d'œuvres
d'art. On tient compte, au début de ce mouvement, du voyage

JAN VAN EYCK
LE TRIOMPHE DE L'EGLISE SUR LA SYNAGOGUE

que Jan van Eyck, né en 1380, mort en 1440, fit à Lisbonne en 1428, pour peindre le portrait d'Isabelle de Portugal. Revenant en Flandre, il s'arrêta à Madrid, et c'est là qu'il aurait reçu du roi Juan II la commande du *Triomphe de l'Eglise sur la Synagogue,* que le fils de Juan II, le roi Henri IV, offrit à un monastère de Ségovie, d'où il ne sortit que pour entrer au musée. Malgré ces titres, on croit ne voir ici qu'une copie de l'œuvre originale perdue. Pour le caractère du génie de Van Eyck, il est visible, sinon dans l'exécution un peu sèche, mais dans la composition de la scène et les physionomies des personnages. La même vie qui se manifeste à Gand dans la scène de l'*Agneau mystique* anime ici les

ROGIER VAN DER WEYDEN.   *Le Crucifiement.*

docteurs de l'Eglise et de la Synagogue assemblés autour de la fontaine, les anges musiciens groupés parmi l'herbe et les fleurs de la prairie, le Père Eternel assis sous un clocheton de délicate architecture, la Vierge et Jean l'Evangéliste à ses côtés, l'Agneau à ses pieds.

130

Sont attribués également à Jean van Eyck, les deux panneaux oblongs d'un *Religieux* en prières, de la *Vierge* lisant, assise sur un banc dans une chambre au joli arrangement, du feu dans la cheminée, une aiguière sur un meuble, une fenêtre à petits carreaux ouverte sur la campagne. De Hubert van Eyck (1366—1426), le Prado croit posséder *le Christ, la Vierge et saint Jean-Baptiste,* trois figures en buste dont les rapports sont évidents aussi avec les mêmes personnages à Gand.

Pour Rogier van der Weyden (1399—1464), il semble bien prouvé que ni l'une ni l'autre des *Descente de Croix* du Prado ne peut prétendre au titre d'original, et que cet original est à l'Escurial. On semble d'accord au contraire sur le *Crucifiement,* où la Vierge est soutenue par saint Jean pendant que Madeleine, en costume de dame flamande, pleure agenouillée au pied de la croix. C'est une peinture savante, souple, étoffée.

VAN DER WEYDEN.   *Le châtiment du péché originel.*

L'autre *Crucifiement,* pourtant, me semble mieux caractéristique de la manière et de l'esprit de Van der Weyden, par son Christ ensanglanté, décharné, squelettique, dressé en croix au centre d'une église, entre une Vierge et

ROGIER VAN DER WEYDEN   LE CRUCIFIEMENT

un saint Jean dont la douleur reste immobile. La composition,
qui fait le centre d'un triptyque, est merveilleusement sertie d'architecture, de piliers, d'arcs, de niches, de compartiments où se
logent des scènes de la vie du Christ, des représentations des
sacrements. Les volets, faces et revers de ce triptyque donnent à
voir le *Châtiment du péché originel*, le *Jugement dernier*, deux

L'Adoration des Mages.

épisodes du *Denier de César*, où peut s'étudier une peinture fine,
précieuse et âpre. Au contraire, le *Mariage de la Vierge*, admirablement mis en scène par deux décors d'une riche et ferme
architecture, est de la forme souple et naturiste qui relierait
Jean van Eyck à Quintin Massys par Rogier van der Weyden.
Admirez les types divers qui entourent le prêtre à l'autel,
dans la partie gauche de l'œuvre, sous la rotonde byzantine, et
dans la partie droite, sous le portail de l'église, le grand-prêtre

obèse, le saint Joseph pareil à un vieux moine, la Vierge délicieuse, aux yeux baissés, aux cheveux ondés, qui donne sa main
pour le mariage, l'enfant de chœur qui la pousse vers le prêtre,
les hommes et les femmes qui font cercle autour de la cérémonie, et
surtout cette femme vue de dos, appuyée au porche, la tête coiffée
d'un hennin, et qui relève légèrement son manteau: il ne peut y
avoir d'art plus véridique.

Il est d'autres peintres flamands primitifs au musée de Madrid:

PETRUS CRISTUS.

*Retable : L'Annonciation, la Visitation, la Naissance
du Christ, l'Adoration des Mages.*

Hans Memling, dont on place la vie entre 1435 et 1495, et son
Adoration des Mages, réplique de l'œuvre de Bruges avec les mêmes
acteurs et figurants doux et graves; Quintin Massys (1466—1530)
et son *Ecce Homo;* Jean Gossaert (1470—1541) et sa *Vierge* posée
comme un bibelot sur une table de marbre, en avant d'un portique
de la Renaissance creusé en coquille; Petrus Cristus, dont on
ne sait aucune date, élève de Jean van Eyck, et son beau retable
coloré divisé en quatre compartiments: l'*Annonciation,* la *Visitation,*
la *Naissance du Christ,* l'*Adoration des Mages;* Van Orley (1490—1542)
et ses personnages en oraison; enfin Joachim Patinir (1490—1524),
ami d'Albert Dürer, qui eut quelque influence sur son talent,

ROGIER VAN DER WEYDEN

LE MARIAGE DE LA VIERGE

comme on peut le voir par la Vierge de la *Halte de la fuite en Egypte,* par les figures de la *Tentation de saint Antoine,* mais Patinir est aussi un paysagiste original, un véritable créateur de terrains, de pelouses, de verdures, d'arbres, de nuages.

. Avant Rubens, un grand peintre, Pierre Brueghel le Vieux

Joachim Patinir.   *Halte de la fuite en Egypte.*

(1526—1569) compose les scènes à la fois macabres et comiques du *Triomphe de la mort,* donne la mesure de son génie ironique et philosophique.

La dynastie des Brueghel s'est continuée par Pierre Brueghel le Jeune (1564—1638), dit Brueghel d'Enfer, imitateur parfois heureux du vieux Brueghel, parfois aussi artiste personnel, et par Jean Brueghel (1598—1625), dit Brueghel de Velours, qui a fait preuve de finesse, de couleur et de goût dans nombre de scènes, de paysages, de bouquets et guirlandes de fleurs: il n'a pas moins de cinquante-cinq tableaux à Madrid, quelques uns fort jolis, et il nous mène à Rubens dont il fut souvent le collaborateur.

RUBENS.   *Le Serpent d'airain.*

II. — PIERRE PAUL RUBENS. — PETER NEEF. — FRANS SNYDERS. — GASPARD DE CRAYER. — JACOB JORDAENS. — VAN DYCK. — DAVID TENIERS. — JAN FYT.

Rubens fit un premier voyage en Espagne, envoyé par Gonzague, duc de Mantoue, en l'année 1603. Il portait à Philippe III et à son ministre le duc de Lerme une collection d'objets et d'œuvres

RUBENS

L'ADORATION DES MAGES

d'art. Il y retourna en 1628 comme ambassadeur pour aplanir les difficultés entre l'Angleterre et l'Espagne. A Madrid. il offre alors huit toiles au monarque, peint une quarantaine de tableaux en

Achille découvert par l'Ulysse.

une année, des portraits du roi et de sa famille, des copies de toiles du Titien : *l'Enlèvement d'Europe*, l'*Adam et Eve*, se lie avec Velasquez, alors âgé de vingt-neuf ans.

Allons vers l'admirable collection de toiles de Rubens conservée à Madrid. Le peintre d'Anvers montre là tous les aspects

de son génie abondant et varié. Il est biblique et pathétique
avec le *Serpent d'airain,* qui peut être l'original de sujets identi-
ques possédés par la National-Gallery et Postdam. C'est le
Rubens élève des maîtres italiens qui a peint ce groupe des

RUBENS.   *Nymphes et satyres.*

Hébreux en proie aux reptiles et qui se prosternent vers le serpent
d'airain élevé par Moïse. Rubens se révèle ici capable d'exprimer l'émotion par cet admirable visage de femme où les
affres de la mort sont combattues par l'espoir. Le voici, avec
l'Achille découvert par Ulysse, metteur en scène d'une tragédie
héroï-comique. Le héros, déguisé en femme parmi les filles de

RUBENS

DIANE ET CALISTO

137

Lycomède, s'empare de l'épée cachée parmi les bijoux que le subtil Ulysse vient offrir aux princesses. Celles-ci sont charmantes, penchées vers l'or et les perles, et cette blonde vêtue de blanc, Déidamia sans doute, est tout à fait belle, cependant qu'Achille, enflammé d'une ardeur guerrière, brandit le glaive, et

RUBENS.   *Junon formant la voie lactée.*

qu'une vieille confidente de tragédie sourit à l'arrière-plan. Rubens se transforme encore, devient peintre de féerie avec l'*Adoration des Mages*, qu'il a plusieurs fois traitée, toujours avec la même abondance, le même déploiement de richesses. Nous sommes loin de l'étable de Bethléem. C'est à l'entrée d'un palais, à la base de hautes colonnes que Marie, empressée et avenante, montre son fils à Gaspar, Melchior et Baltasar, du même air qu'une reine présenterait un dauphin à des souverains en visite. La fête est vraiment éblouissante, les rois d'Orient vêtus de pourpre et de brocard, suivis d'un cortège de seigneurs, d'hommes d'armes, de serviteurs, d'esclaves chargés de présents, de chevaux et de chameaux, tout un défilé éclairé par des torches et guidé par des anges au vol souple et gracieux. Rubens peint d'autres scènes de l'Ancien et du Nouveau Testament, une *Sainte Famille*, une *Présentation au Temple*, une *Cène*, un *Christ mort*, des figures d'apôtres. Avec une grandeur décorative dans laquelle il garde la maîtrise de son goût fastueux, il dispose des personnages, fait défiler des chars qui représentent le *Triomphe de la Vérité*, le *Triomphe de l'Eglise catholique*, le *Triomphe de l'Eucharistie*... Il est dramaturge et même mélodramaturge avec le *Banquet de Térée*, où Progné apporte à l'infidèle Térée la tête de son fils, dont il a mangé le corps. La figure réjouie et jolie de Progné, fort heureusement, nous rassure : il ne s'agit que d'une tête de théâtre. Le grand artiste paraît peu à son aise, emprunté, gauche, dans l'*Acte religieux de Rodolphe de Habsburg*, dont le paysage est de Wildens. Ses portraits sont d'inégale valeur : l'*Archiduc Albert*, l'*Infante Isabelle*, *Philippe II en cavalier*, l'*Infant don Ferdinand d'Autriche*, malgré toutes les qualités de la peinture, ne s'imposent pas par le caractère, mais deux autres portraits sont hors de pair : le *Thomas Morus*, d'une chaleur de vie singulière, qui fait songer à la collaboration d'un Holbein et d'un Titien ; et la *Marie de Médicis* qui est bien du Rubens tout pur, portrait noir et blanc, frais, léger, respirant, le visage devenu beau par l'expression de la vie, par cette sorte de sourire des chairs que la maître flamand possède plus que tout autre.

Enfin, Rubens, avec toute une série de compositions païennes, antiques, mythologiques, donne libre cours à sa verve de magicien de l'existence, à son amour de la vérité, à sa passion de la chair. La sensualité de son esprit et de son art se révèle

d'une manière écla-
tante, mais il n'y a chez
lui rien d'hypocrite,
de malsain, d'obscène.
Son vrai dieu est le
Grand Pan, chacune
de ses toiles est un
hymne à la nature.
Il faut voir ainsi, et il
est impossible de voir
autrement, les pages
magnifiques du musée
de Madrid : les *Nym-
phes et Satyres*, grou-
pés à l'ombre d'un
bois, de beaux corps
au repos, des cueilleu-
ses de fruits, celle qui
se hausse pour saisir
une branche, celle qui
est juchée sur une
branche et dont la lu-
mière éclaire un ge-
nou ; *Diane et Calisto*,
la plus savante et la
plus élégante assem-
blée de nus qui fut
jamais, car Rubens
n'a pas seulement la
force, il a la distinc-
tion : voyez Diane et

Nymphes de Diane surprises par des satyres (fragment).

RUBENS.

son souple mouvement, l'admirable nymphe brune assise auprès d'elle, et la blonde et tremblante Calisto; l'*Andromède* au corps svelte d'une anatomie irréprochable; *Nymphes de Diane surprises par des satyres*, une course et une bataille du mouvement le plus rythmé et le plus furieux, en contraste avec le calme de la nymphe endormie; la corpulente et paisible Junon de la *Voie lactée*; le *Jugement de Pâris*, un des tableaux pour le roi d'Espagne, qui

RUBENS.   *Le Jugement de Pâris.*

scandalisa Don Ferdinand: «C'est, dit-il, la meilleure œuvre de Rubens. Je ne lui reproche qu'un défaut, mais à propos duquel je n'ai pu obtenir satisfaction: c'est l'excessive nudité des trois déesses: à quoi l'artiste a répondu que c'était là que se voyait le mérite de la peinture. La Vénus placée au milieu est le portrait fort ressemblant de la femme du peintre, la plus belle de toutes les dames d'Anvers. La même femme du peintre, Hélène Fourment, se retrouve dans une toile qui est un des chefs-d'œuvre de Rubens: les *Trois Grâces*, d'une vérité de détail, d'aspect, d'épiderme qui est prodigieuse, à croire que l'on a sous les yeux

RUBENS

LE JARDIN D'AMOUR

des chairs roses et blanches, brunes et mates, argentées et dorées
de lumière. Pourtant, malgré cette vérité si approchée, que dis-je,
si réalisée, ce n'est pas ici un trompe-l'œil, c'est une évocation,
c'est de l'art splen-
dide. Rubens a
créé un style avec
l'exactitude.

Il semble que
tout soit un jeu
pour ce prodigieux
artiste : avec quelle
noblesse naturiste
il groupe *Cérès et
Pomone*, *Cérès et
le dieu Pan*, parmi
les légumes, les
fruits, les oiseaux,
peints par Snyders.
Ne croyez pas qu'il
ait tout dit en-
core. Dans le *Jar-
din d'Amour*, par-
mi la verdure, les
fleurs, les eaux jail-
lissantes, auprès

Rubens.   *Les Trois Grâces.*

d'un palais environné d'amours qui voltigent comme les génies
familiers du lieu, il réunit la plus galante assemblée de dames
et de cavaliers, chairs épanouies, étoffes brillantes, gestes aban-
donnés, regards rêveurs, royaume du Tendre sans préciosité, vers
lequel un Cupidon malin pousse gaillardement une belle retarda-
taire, qui est Hélène Fourment, sollicitée par un cavalier, qui est

142

Pierre-Paul Rubens lui-même. Le décor change, c'est la *Danse de Paysans*, une ronde qui passe sous des bras tendus, un mouvement, une fougue, un rythme violent qui font songer à notre *Kermesse* du Louvre.

Autour de Rubens, et après lui, se groupent des artistes

RUBENS.   *Cérès et le dieu Pan.*

qui ont, eux aussi, une vive personnalité, qui occupent une place particulière dans l'histoire de l'art flamand. Peeter Neefs (1578—1656) est le plus délicat constructeur, en peinture, de nefs d'églises animées par des personnages d'une silhouette précise et vivante. Jacob Jordaens (1583—1678), influencé par Rubens, est par lui-même un opulent artiste dont la manière généreuse et ample se manifeste par le *Mariage de sainte Catherine d'Alexandrie*, le *Jugement de Salomon*, l'*Offrande à Pomone*, le *Bain de Diane*.

RUBENS

DANSE DE PAYSANS

143

Frans Snyders (1579—1657) est le bon peintre que ,l'on sait des animaux, des fruits, des gibiers, et il ajoute ici à ses arrangements habituels l'agrément d'une série d'après les Fables de la Fontaine.

Van Dyck (1599—1641), élève de Rubens, n'a pas la puissance de conception, la fougue savante du dessin et du coloris de son maître. C'est un peintre délicieux qui est arrivé à la grandeur et à la profondeur par la manifestation de sa fine personnalité, de son art nuancé.

Van Dyck.   *La Comtesse d'Oxford.*

Sa *Déposition de croix* est une œuvre sobrement composée, sévèrement dramatique, mais il est surtout présent au Prado par des portraits de premier ordre. La *Comtesse d'Oxford*, sa robe de soie et sa chevelure doucement brillantées de perles, une fleur à la main, le visage délicatement coloré, est un portrait noir, blanc et rose, de l'allure ferme et exquise qu'ont les belles

Van Dyck.   *L'Infant Cardinal Don Ferdinand d'Autriche.*

pages de Van Dyck. Cette réunion d'œuvres du peintre flamand est d'ailleurs parfaite, avec des personnages très différents d'allure, savamment pénétrés et exprimés; le peintre *David Ryckaert;* un *Musicien;* la *Princesse d'Orange; Charles Ier; Dona Polixena Spinola, première marquise de Leganès;* un

Inconnu de la plus grave figure, au pourpoint à crevés blancs; un portrait de *Femme* finaude; *Henry, comte de Berg; Henri de Nassau, prince d'Orange; l'Infant Cardinal Don Ferdinand d'Autriche,* vêtu de velours et de soie, enveloppé d'une écharpe, pâle et blond, enfantin et féminin; *Henri Liberti,* organiste d'Anvers, le visage et les mains d'un admirable modelé dans la pénombre; enfin *Van Dyck* lui-même, avec le *Comte de Bristol,* celui-ci grasse et joviale figure de grand seigneur, moins «aristocratique» à coup sûr que le pâle et fin Van Dyck en manteau noir, au beau visage lumineux de pensée et de poésie.

Philippe de Champaigne, Adrien Brauwer, Erasme Quellyn sont présents au Prado. Aussi, Jan Fyt avec des oiseaux, des chiens, des fruits. Aussi, Adrien et Isaac van Ostade, et Van der Meulen. Mais c'est surtout David Téniers (1610—1619) qui est

représenté avec variété au musée de Madrid. Il y est avec ses
Fêtes de village, ses Danses de villageois, ses Jeux de boule,
ses Tirs, ses Repas de la fève, ses Corps de garde, ses

David Téniers.   *La Galerie de tableaux de l'Archiduc Léopold.*

Alchimistes, ses Tentations] de saint Antoine. Il y est, d'une
façon plus inattendue, avec la *Galerie de tableaux de l'Archiduc Léopold,* où l'on voit Téniers et l'Archiduc parmi des
tableaux d'Italie, savamment copiés et réduits par Téniers. Il y
est, enfin, avec toute une série de toiles inspirées de la *Jérusa-
lem délivrée,* qui ont été mises en doute par la critique, mais

où l'on trouve pourtant, à l'examen, sa manière lourde quant aux formes des personnages, sa manière aérée et subtile quant aux plans des paysages.

VAN DYCK.   *Van Dyck et le Comte de Bristol.*

ANTONIS MOR   MARIE TUDOR

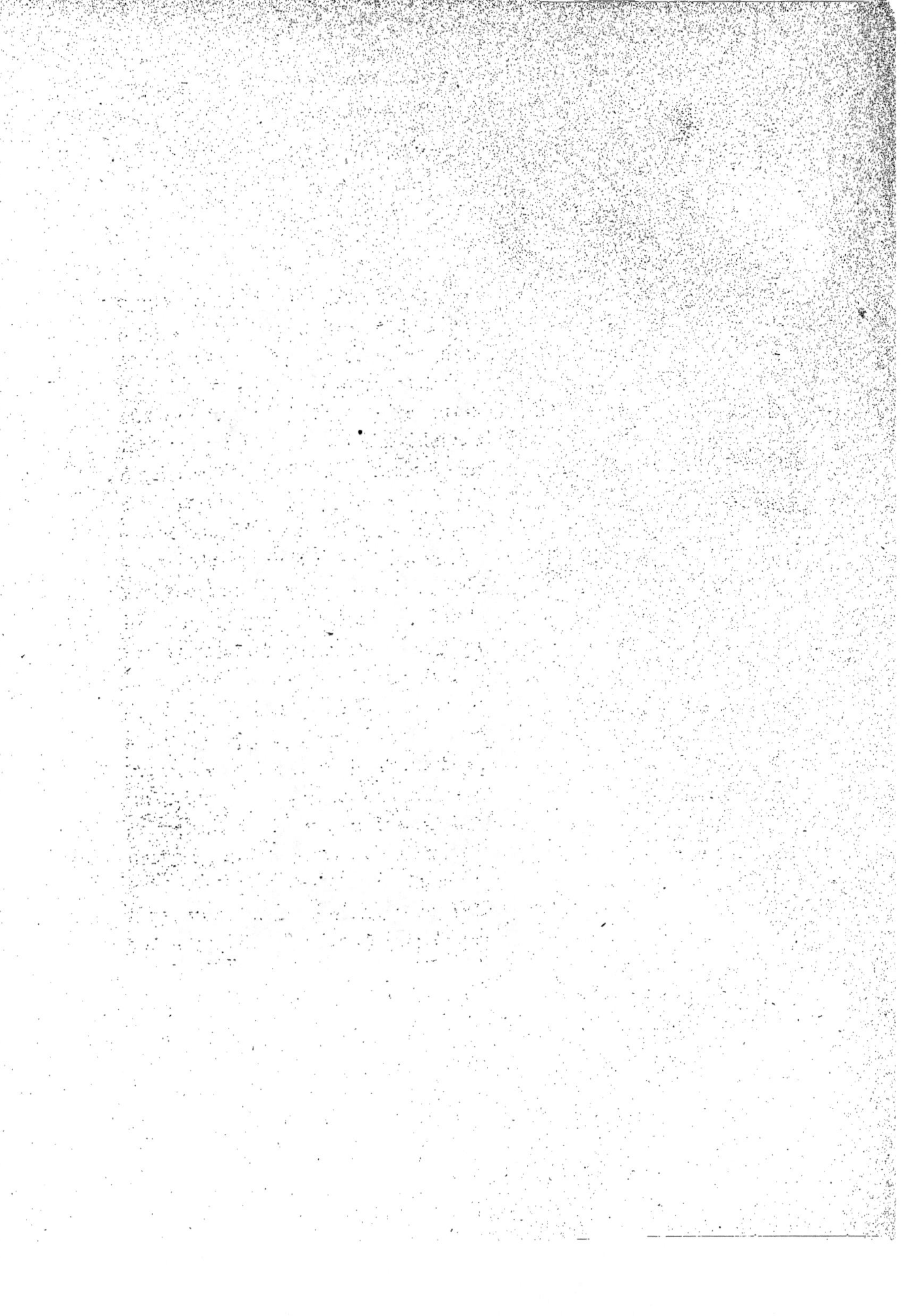

HOLLANDE

Le premier en date des quelques artistes hollandais représentés au musée de Madrid est Hieronymen van Aken, dit Jérôme Bosch (1460—1516), maître du comique et du fantastique, du cauchemar précis et de la farce froide. Il était très capable de sérieux, tout comme un autre, ainsi que le prouve son *Adoration des Mages,* il pouvait aussi concevoir des scènes bibliques à la façon des miniaturistes précieux, comme on peut le voir par sa *Création de l'Homme et de la Femme,* où la flore et la faune de l'Eden sont si gentiment représentés, par sa *Chute des anges rebelles,* par sa *Tentation du serpent.* Mais son vrai domaine est celui de l'invention et de la défor-

Antonis Mor. — *Marie d'Autriche, fille de Charles-Quint, femme de Maximilien II.*

mation, nullement terrifiantes, dont on peut admirer le tour enfantin et cocasse dans plusieurs *Tentation de saint Antoine,* où tout s'anime si drôlement sous le pinceau de ce magicien de kermesse, qui a déterminé la mise en scène et les transformations des féeries infernales de l'art flamand.

Antonis Mor, né en 1512, mort en 1576 ou 1579, est au pôle opposé de Jérôme Bosch. C'est un grandiose réaliste, du style le plus sévère, le plus pur et le plus riche. Ses tableaux du Prado sont tous savants et beaux, quelques-uns plus beaux et saisissants que les autres. Les œuvres de ce grand artiste sont dispersées aux quatre coins des musées européens, aux Uffizzi, à la National-Gallery, au Louvre, au Belvédère, à Bruxelles, où luisent les yeux d'acier du duc d'Albe, mais le musée de Madrid possède à lui seul treize toiles.

Antonis Mor cherche patiemment et trouve le caractère individuel de ses modèles. Il les coule et les fixe en une pâte chaude, ambrée, solide, qui brave les siècles. Il ne dessine pas des mains hiératiques ou banales, qui implorent ou bénissent, il fait des mains ressemblantes, caractéristiques, vivantes, des mains d'Holbein, des mains psychiques, eût dit d'Arpentigny. Son portrait de *Pejeron,* bouffon triste du comte de Benavente, est extraordinaire de fatigue, de crainte, de tourment. La main difforme tient le jeu de cartes d'un lamentable diseur de bonne aventure. C'est un frère des fous et des nains de Velasquez, un de ceux qui grimacent le long des formidables murailles des palais, comme des gargouilles aux flancs des cathédrales. Auprès de lui, d'étonnantes effigies de *Dames Inconnues,* un *Philippe II* jeune, un *Empereur Maximilien II,* jeune, vêtu de blanc; la *Reine de Portugal,* sœur de Charles-Quint; la princesse *Jeanne d'Autriche,* fille de Charles-Quint; une autre fille de Charles-Quint, *Marie d'Autriche,* mariée à Maximilien II, blême visage pris par la haute collerette,

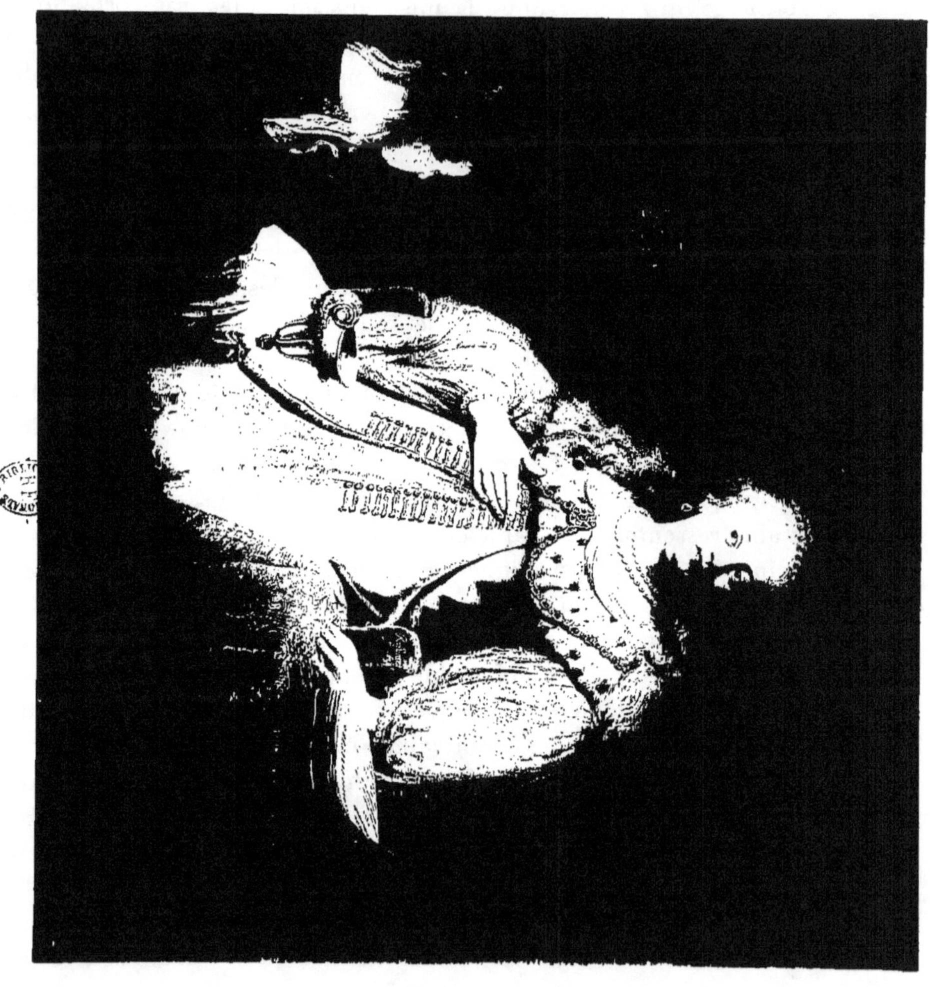

REMBRANDT

LA REINE ARTÉMISE

corps rigide emprisonné dans une robe épaisse à fermoirs d'or, main blanche aux doigts effilés et pointus comme des griffes;

enfin, *Marie Tudor*, reine d'Angleterre, seconde femme de Philippe II, œuvre d'une beauté et d'une lucidité sans pareilles. Marie est assise dans un fauteuil rouge, à dossier brodé, de forme carrée. Elle est vêtue d'une robe à ramages, recouverte d'un vêtement de velours. L'or, les pierres précieuses, les perles, brillent à sa ceinture, à sa gorge plate, à son col, à sa coiffure, à ses poignets, aux doigts de ses mains vigoureuses. Elle tient un œillet plus joli que tous les bijoux et toutes les pierreries. Le triste et cruel visage domine ces splendeurs. Le peintre a tout dit, la chevelure roussâtre et rare, le teint brouillé, les yeux clairs, aux aguets au bas du vaste front, la bouche serrée, la chair défaite. On croirait voir un fruit gâté parmi la richesse des parures et la somptuosité des étoffes.

ANTONIS MOR.   *Pejeron.*

On quitte cette *Marie Tudor*, dans la salle de la reine Isabelle, on croit que l'on a épuisé son admiration, on se retourne, on a un éblouissement: dans la pure lumière de Rembrandt, la *Reine*

Artémise rayonne, douce femme vivante, astre d'or pâle. C'est un portrait de Saskia van Uylenburgh, signé et daté de 1634. La jeune femme a été costumée d'une large robe où la soie blanche est tissée de vert d'eau et de vieil or gris, elle a aussi, comme les reines, des broderies, des chaînes ciselées, des perles au col et des perles encore dans sa chevelure couleur de blé, divisée et répandue sur ses épaules. Elle va boire le breuvage où se dissout la cendre de Mausole, dans la coupe qu'on lui présente, et qui est un merveilleux coquillage. Elle est grasse et blanche, placide et majestueuse, elle est l'image inaltérée du premier bonheur de Rembrandt.

Que voir après le maître d'Amsterdam? Il y a pourtant encore ici un bon *Portrait de femme,* de Mierevelt (1569—1641); des paysages de Jean Both (1610—1651); de fiers cavaliers de Wouwerman (1620—1668); un *Paysage d'hiver,* de Beerstraaten (1622—1687); et la plus jolie *Poule blanche,* peinte par Gabriel Metsu (1640—1669), avec une finesse, un doux éclat, qui en font un bijou de la galerie hollandaise.

JÉRÔME BOSCH. *La Création de l'Homme et de la Femme.*

ALLEMAGNE

Cliché Lévy et fils.

ALBERT DÜRER.   Son *Portrait en 1498*

Il y a peu d'œuvres de l'École allemande au musée du Madrid, mais du moins, le maître de Nuremberg, Albert Dürer (1471—1528), y est représenté d'une façon digne de lui. C'est d'abord son *Portrait* peint en 1498, le double de celui de Florence, image d'apparat, en beau costume, le visage sérieux sous la toque blanche et noire, d'où la chevelure se répand librement. Dürer a vingt-sept ans, le visage est fier et sérieux, les fortes mains sont énergiquement nouées, le personnage est grave et immobile. Par une fenêtre on aperçoit un paysage de sèches montagnes au pied desquelles passe un torrent. — Un portrait d'homme d'une cinquantaine d'années, coiffé d'un grand chapeau noir, à manteau de fourrure, porte les signes d'un art plus profond,

d'une expérience plus forte: les yeux enfoncés sous les sourcils
de travers, la bouche éloquente, la face restée jeune sous les
années, disent l'intelligence et le courage. — Enfin, Dürer est présent
encore par ses deux figures d'*Adam et Eve,* dont il y a aussi un
autre exemplaire à Florence. Celui de Madrid est de toute beauté.
Les corps sont sveltes et souples, la chair est pétrie de lumière,
les proportions sont irréprochables, comme le voulait le calculateur
de volumes et de mesures que fut le peintre de Nuremberg.

Si le portrait de la *Femme* qui tient un œillet ne doit être
inscrit que sous la rubrique de l'école d'Holbein, le *Portrait
d'homme âgé* peut être
attribué au maître lui-
même (1497—1542): il
est infiniment expressif
avec son nez bourgeonné,
ses yeux perspicaces, ses
grosses mains appuyées
sur un meuble comme
sur un comptoir.

Après Holbein, il faut
sauter deux siècles, arriver à Raphaël Mengs
(1728—1779), grand favori
de la cour d'Espagne, qui
a laissé vingt tableaux au
Prado: rois, reines, in-
fants, infantes, vingt tableaux et pas une œuvre,
des costumes et pas une
expression.

Cliché Lévy et fils.

ALBERT DÜRER   *Portrait d'homme.*

Vue prise dans le Jardin de Saint-Cloud.

FRANCE

NICOLAS POUSSIN. — VALENTIN. — CLAUDE LORRAIN. — LES BEAUBRUN. —
JEAN NOCRET. — HYACINTHE RIGAUD. — JEAN RANC. — LARGILLIÈRE.
— NATTIER. — CARLE ET MICHEL VAN LOO. — JOSEPH VERNET.

Nicolas Poussin (1594—1665), qui naquit aux Andelys, s'en vint
à Paris à dix-huit ans, se fixa à Rome à trente ans, pour un
séjour de seize années. Il s'y fixa même pour toujours puis-
que, revenu à Paris en 1640, il retournait en 1642 à Rome, où

il devait mourir en 1665. C'est un grand artiste français naturalisé italien et dont l'influence devait être grande, autant que celle des Italiens, sur l'art de la France. Il a été le maître du paysage historique, [dont l'évolution en paysage naturiste n'a eu lieu que sous l'effort de l'Ecole de 1830. Cette école a d'ailleurs trouvé chez le Poussin des éléments nécessaires à son œuvre, elle] n'a eu qu'à les dissocier des décors voulus par lesquels le peintre français de Rome exprimait ses conceptions toujours [très belles et très hautes. Chez le Poussin, au Prado comme au Louvre, on trouve les aspects variés des choses, des arbres, des montagnes, des eaux, des nuages, comme on trouve les attitudes, les gestes, les expressions de la vérité chez les personnages, qu'il s'agisse de *Saint Jérôme,* du *Christ et la Madeleine,* d'une *Bacchante,* de *Noë,* de la *Chasse de Méléagre.* Il faut seulement découvrir [ces aspects de nature et ces détails d'humanité dans les ensembles refroidis et majestueux voulus par l'artiste. Il est souvent magnifique dans ces compositions, telles que le *Parnasse* où parmi les arbres savamment disposés, Apollon et les Muses reçoivent un poète, en présence d'Homère, Virgile, Horace, Dante, Pétrarque, Ariosté, toute l'assemblée réunie autour du corps rayonnant de la nymphe Castalia.

Claude Gellée, dit le Lorrain (1600—1682), avec la même conception de décor médité que le Poussin, son ami et son maître, se plaît aux jeux de l'atmosphère, aux brumes dorées, aux matins purs, aux soirs éclatants qui donnent un aspect d'apothéose aux *Ruines de Rome,* à la *Baie d'Ostie,* à *Moïse sauvé des eaux,* à la rencontre de *Tobie et l'ange Raphaël,* aux panoramas de montagnes, de vallées, de rivières, où Filippo Lauri, Guillaume Courtois ajoutent des figures.

Valentin (1600—1634), épris du Caravage, peint un dramatique *Martyre de saint Laurent.* Et nous arrivons aux peintres de la

NICOLAS POUSSIN

LE PARNASSE

cour de France du XVIIe et du XVIIIe siècle: les Beaubrun, qui vivent, l'un, Henri, de 1603 à 1667, l'autre, Charles, de 1604 à 1692,

et qui ont ici les portraits d'*Anne-Marie*, fille du duc d'Orléans, du *Dauphin de France,* premier fils de Louis XIV ; Pierre Mignard (1610—1695), portraitiste de *Melle de Fontanges;* Jean Nocret (1616—1672), avec un *Louis XIV ;* Hyacinthe Rigaud (1659—1743), avec un autre *Louis XIV,* pareil à celui du Louvre. Jean Ranc (1674—1735) est un Français fixé en Espagne, et qui peint Philippe V et sa famille. Largillière (1656—1746) représente en ses atours

CLAUDE LORRAIN.   *Tobie et l'ange Raphaël.*

brillants l'infante *Anne-Victoire,* qui fut fiancée à Louis XV et qui épousa le roi de Portugal. De Jean-Marc Nattier (1685—1766), la fille de Philippe d'Orléans: *Melle de Berry.* Carle van Loo (1705—1765) peint une *Duchesse de Parme.* Michel van Loo

156

(1707—1771), en un immense tableau, nous donne à voir toute la *Famille de Philippe V*. Callet (1741—1823) répète son *Louis XVI*. Et Joseph Vernet (1714—1789), après ce défilé des peintres de Versailles, allongé par une foule d'anonymes, vient avec ses marines, ses cascades, qui continuent le paysage arrangé et pittoresque.... Mais il y a un vrai maître du paysage français à Madrid, Watteau (1684—1721), avec le plus délicieux *Mariage champêtre* et une *Vue des Jardins de Saint-Cloud*, dorés de jour, bleus d'ombre, qui groupent les personnages de la comédie où se complut l'imagination rêveuse de l'artiste.

LARGILLIÈRE.   *L'Infante Anne-Victoire.*

VELASQUEZ.   *Philippe III.*

TABLES
TABLE ET ORDRE DE CLASSEMENT DES ILLUSTRATIONS HORS TEXTE
ESPAGNE

21

4. RIBERA. — *L'Echelle de Jacob.*
5. — *Le Martyre de saint Barthélemy.*
6. VELASQUEZ. — *Philippe IV.*
7. — *Les Buveurs.*
8. — *La Forge de Vulcain.*
9. — *Ménippe.*
10. — *Esope.*
11. — *Le Prince Baltasar à six ans.*
12. — *El Primo.*
13. — (attribué à) *Philippe IV en armure.*
14. — *Le Prince Baltasar à six ou sept ans.*
15. — *Le Comte-Duc d'Olivarès.*
16. — *L'Enfant de Vallecas.*
17. — *Don Juan d'Autriche.*
18. — *Antonio el Inglès.*
19. — *La Reine Isabelle de Bourbon.*
20. — *Les Fileuses.*
21. — *Le Sculpteur Martinez Montanès.*
22. — *La Reddition de Bréda (Les Lances).*
23. — *Saint Antoine et saint Paul (Les deux Ermites).*
24. — *Les Menines.*
25. — *L'Infante Marguerite (fragment des Menines).*
26. — *L'Infante Marie-Thérèse (?)*
27. ALONSO CANO. — *Le Christ défunt.*
28. MURILLO. — *La Conception.*
29. — *Jésus berger.*
30. — *La Vierge au rosaire.*
31. — *La Sainte famille à l'oiseau.*
32. — *Sainte Elisabeth de Hongrie.*
33. GOYA. — *La Famille de Charles IV.*
34. — *Le 3 Mai 1808.*
35. — *La Maja vêtue et nue.*

ITALIE

36. RAPHAËL. — *Jésus portant sa croix.*
37. — *La Sainte famille sous le chêne (del Lagarto).*
38. TITIEN. — *Charles-Quint à la bataille de Muhlberg.*
39. — *Philippe II.*
40. — *L'Offrande à Vénus.*
41. — *Vénus récréée par la musique.*
42. — *Salomé.*
43. GIORGIONE. — *Sainte Brigitte.*
44. TINTORET. — *Bataille maritime entre Turcs et Vénitiens.*
45. — *La Purification des Vierges madianites.*
46. VÉRONÈSE. — *Vénus et Adonis.*
47. — *La Jeunesse entre le Vice et la Vertu.*

FLANDRE

48. JEAN VAN EYCK. — *Le Triomphe de l'Eglise sur la Synagogue.*
49. ROGIER VAN DER WEYDEN. — *Le Crucifiement.*

TABLE DES ILLUSTRATIONS DANS LE TEXTE.

ITALIE

FLANDRE

HOLLANDE

FRANCE

ILLUSTRATION DES TABLES

Velasquez.   *Portrait d'un inconnu.*

Marguerite d'Autriche, femme de Philippe III.

TABLE DES CHAPITRES

ESPAGNE

ITALIE

FLANDRE

HOLLANDE

ALLEMAGNE

FRANCE

Velasquez.   *Doña Maria, reine de Hongrie (?).*